420

1990

Les simulachres &

HISTORIBES FACES

DE LA MORT, AVTANT ELE

gammét pourtraictes, que artifi-
ciellement imaginées.

A LYON,

Soubz l'escu de COLOIGNE.

M. D. XXXVIII.

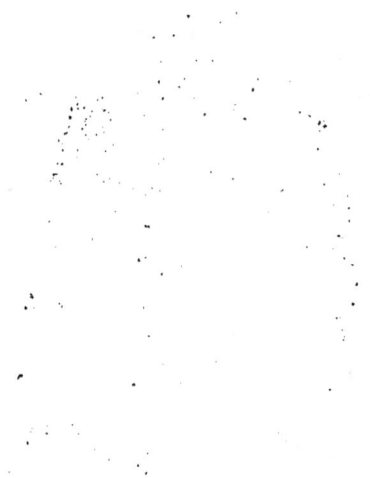

A MOVLT REVERENDE

Abbeſſe du religieux conuent S.Pierre
de Lyon, Madame Iehanne de
Touſzele, Salut dun
vray Zele.

'Ay bon eſpoir, Madame & mere treſreligieuſe,
que de ces eſpouentables ſimulachres de Mort,
aurez moins d'esbahiſſement que viuãte. Et que
ne prẽdrez a mauluais augure, ſi a vous, plus que
a nulle aultre, ſont dirigez. Car de tous temps par mortificaꝰ
tion, & auſterité de vie, en tant de diuers cloiſtres tranſmuẽe,
par authorité Royalle, eſtant là l'exemplaire de religieuſe reliꝰ
gion, & de reformee reformation, auez eu auec la Mort telle
habitude, qu'en ſa meſme foſſe & ſepulchrale dormition ne
vous ſcauroit plus eſtroictemẽt enclorre, qu'en la ſepulture
du cloiſtre, en laq̃lle n'auez ſeulemẽt enſepuely le corps: mais
cueur & eſprit quãd & quãd, voire d'une ſi liberale, & entiere
deuotion qu'ilz n'en veullẽt iamais ſortir, fors cõe ſainct Pol
pour aller a IESVS CHRIST. Leq̃l bon IESVS non
ſans diuine prouidẽce vous a baptiſ̃e de nom & ſurnom au
mien vniſonantemẽt cõſonant, excepté en la ſeule letre de T,
letre par fatal ſecret capitale de voſtre ſurnom: pour autãt q̃
c'eſt ce caractere de Thau, tant celebré vers les Hebrieux, &
vers les Latins pris a triſte mort. Auſſi par ſainct Hieroſme
appellé letre de croix & de ſalut: merueilleuſemẽt cõuenãt aux
ſalutaires croix ſupportées de tous voz zeles en ſaincte reliꝰ
gion. Leſq̃lz zeles la Mort n'a oſé approcher, q̃lq̃s viſitatiõs

que Dieu vous ayt faictes par quaſi continuelles maladies,
pour non contreuenir a ce fourrier Ezechiel, qui vous auoit
marquée de ſon Thau, ſigne deffenſable de toute mauluaiſe
Mort, qui me faict croire que ſerez de ceulx, deſquelz eſt
eſcript, qu'ilz ne gouſteront ſa mortifere amertume. Et que
tant ſ'en fauldra que ne reiectez ces funebres hiſtoires de
mõdaine mortalité comme maulſades & melancoliques, que
meſme admoneſtée de ſainct Iaques cõſidererez le viſaige de
voſtre natiuité en ces mortelz miroers, deſquelz les mortelz
ſont denõmez cõme tous ſubiectz a la Mort, & a tãt de miſe-
rables miſeres, en ſorte que deſplaiſant a vous meſmes, eſtu-
dierez de cõplaire a Dieu, iouxte la figure racõptée en Exode,
diſant, que a lentrée du Tabernacle auoit vne ordõnance de
miroers, affin q̃ les entrans ſe peuſſent en iceulx cõtempler: &
auiourd'huy ſont telz ſpirituelz miroers mis a lẽtrée des Egli-
ſes, & Cymitieres iadis par Diogenes reuiſitez, pour veoir ſi
entre ces oſſemens des mortz pourroit trouuer aulcune difference des riches, & des pouures. Et ſi auſſi les Payens pour ſe
refrener de mal faire aux entrées de leurs maiſons ordõnoiẽt
foſſes, & tumbeaux en memoire de la mortalité a tous pre-
parée, doiuent les Chreſtiens auoir horreur d'y penſer? Les
images de Mort ſerõt elles a leurs yeulx tãt effrayeuſes, qu'ilz
ne les veuient veoir n'en ouyr parlementer? C'eſt le vray, &
propre miroer auquel on doibt corriger les defformitez de
peché, & embellir l'Ame. Car, cõme ſainct Gregoire dit, qui
cõſidere cõment il ſera a la Mort, deuiẽdra craintif en toutes
ſes operatiõs, & quaſi ne ſe oſera mõſtrer a ſes propres yeulx:
& ſe cõſidere pour ià mort, qui ne ſe ignore deuoir mourir.
Pource la parfaicte vie eſt l'imitation de la Mort, laq̃lle ſoli-
citeuſemẽt paracheuée des iuſtes, les cõduict a ſalut. Par ainſi

a tous fideles ferōt ces fpectacles de Mort en lieu du Serpent
d'arain,lequel aduife gueriffoit les Ifraelites des morfures fer
pentines moins venimeufes, que les efguillons des concu-
pifcenfes,defquelles fommes continuellement affailliz . Icy
dira vng curieux queftionaire: Quelle figure de Mort peult
eftre par viuant reprefentée? Ou,cōment en peuuent deuifer
ceulx,qui oncques fes inexorables forces n'experimenterent?
Il eft bien vray que l'inuifible ne fe peult par chofe vifible
proprement reprefenter:Mais tout ainfi que par les chofes
crées & vifibles,comme eft dit en l'epiftre aux Rōmains,on
peult veoir & contempler l'inuifible Dieu & increé.Pareille-
mēt par les chofes,efquelles la Mort a faict irreuocables paf
faiges,c'eft afcauoir par les corps es fepulchres cadauerifez
& defcharnez fus leurs monumētz,on peult extraire ālques
fimulachres de Mort(fimulachres les dis ie vrayement,pour
ce que fimulachre viēt de fimuler,&faindre ce ā n'eft point.)
Et pourtant qu'on n'a peu trouuer chofe plus approchante
a la fimilitude de Mort,que la perfonne morte,on a d'icelle
effigie fimulachres,& faces de Mort,pour en noz pēfees imprimer la memoire de Mort plus au vif,que ne pourroient
toutes lés rhetoriques defcriptiōs des orateurs. A cefte caufe
l'ancienne philofophie eftoit en fimulachres,& images effi-
giées.Et ā biē le cōfiderera,toutes les hiftoires de la Bible ne
font ā figuresa nŕe plus tenace iftructiō. I ESVS CHRIST
mefme ne figuroit il fa doctrine en paraboles,& fimilitudes,
pour mieulx l'imprimer a ceulx aufquelz il la prefchoit?Et
noz fainctz Peres,n'ont ilz par deuotes hiftoires figuré la
plus part de la Bible,encores apparoiffantes en plufieurs
eglifes,cōme encor on les voit au Choeur de cefte tant vene
rable Eglife de Lyō: vrayemēt en cela,& en aultres antiques

A iij

ceremonies admirablement conftante obferuatrice, autour
duquel les images là elegātemēt en reliefz ordonnées, feruēt
aux illiterez de trefutile, & côtēplatiue literature. Que voulut
Dieu, quoy qu'en debatēt ces furieux Iconomachiēs, q̃ de tel=
les ou femblables images fuffent tapiffées toutes noz Eglifes,
mais q̃ noz yeulx ne fe delectaffent a aultres plus pernicieux
fpectacles. Donc retournāt a noz figurées faces de Mort, tref=
grādemēt viēt a regreter la mort de celluy, qui nous en a icy
imaginé fi elegātes figures, auancantes autāt toutes les patro=
nées iufques icy, cōme les painctures de Apelles, ou de Zeufis
furmōtēt les modernes. Car fes hiftoires funebres, auec leurs
defcriptiōs feucremēt rithmées, aux aduifans dōnent telle ad=
miratiō, qu'ilz en iugēt les mortz y apparoiftre trefviuemēt,
& les vifz trefmortement reprefenter. Qui me faict penfer,
que la Mort craignant que ce excellent painctre ne la paignift
tant vifue, qu'elle ne fut plus crainte pour Mort, & que pour
cela luy mefme n'en deuint immortel, que a cefte caufe
elle luy accelera fi fort fes iours, qu'il ne peult paracheuer
plufieurs aultres figures ià par luy trafsées: Mefme celle du
charretier froiffé, & efpaulti foubz fon ruyné charriot, Les
roes, & Cheuaulx duquel font là fi efpouentablement tre=
buchez, qu'il y à autāt d'horreur a veoir leur precipitation,
que de grace a contempler la friandife d'une Mort, qui furti=
uemēt fucce auec vng chalumeau le vin du tōneau effondré.
Aufquelles imparfaictes hiftoires comme a l'inimitable arc
celefte appelle Iris, nul n'a ofé impofer l'extreme main, par
les audacieux traictz, perfpectiues, & vmbraiges en ce chef
d'oeuure comprifes, & là tant gracieufement deliniées, que
lon y peut prendre vne delectable trifteffe, & vne trifte dele=
ctation, comme en chofe triftement ioyeufe. Ceffent hardi=

ment les antiquailleurs,& amateurs des anciennes images de chercher plus antique antiquité,que la pourtraicture de ces Mortz.Car en icelle voirront l'Imperatrice sur tous viuans inuictissime des le cõmencement du monde regnante. C'est celle que a triumphé de tous les Cesars,Empereurs,& Roys. C'est vrayement l'Herculée fortitude qui,non auec masiue, mais d'une faulx,a sauché,& extirpé tous les monstrueux,& Tyrãniques couraiges de la Terre.Les regardees Gorgones, ne la teste de Meduse ne feirent oncques si estrãges Metamor phoses,ne si diuerses trãsformatiõs,que peult faire l'intẽtiue cõtemplation de ces faces de mortalité. Or si Seuere Empe reur Romain tenoit en son cabinet,tesmoing Lampridius, les images de Virgile,de Cicero,d'Achilles,& du grand Ale xandre,pour a icelles se inciter a vertu,Ie ne voy point pour quoy nous deuons abhominer celles,par lesquelles on est refrené de pecher,& stimulé a toutes bõnes operatiõs.Dont le petit,mais nul pẽsemẽt,qu'on met auiourd'huy a la Mort, me faict desirer vng aultre Hegesias,non pour nous inciter, cõme il faisoit en preschãt les biens de la Mort,a mettre en nous noz violétes mains,mais pour mieulx desirer de parue nir a celle immortalité,pour laqlle ce desperé Cleobronte, se precipita en la Mer:puis q sommes trop plus asseurez de celle beatitude a nous,& non aux Payens,& incredules,pro mise.A laquelle,puis que n'y pouons paruenir,que passant par la Mort,ne deuons nous embrasser,aymer, contempler la figure & representatiõ de celle,par laquelle on va de peine a repoz,de Mort a vie eternelle,& de ce monde fallacieux a Dieu veritable,& infallible qui nous à formez a sa semblãce, affin que si ne nous difformons le puissions contempler face a face quand il luy plaira nous faire passer par celle Mort,qui

est aux iustes la plus precieuse chose qu'il eut sceu donner.
Parquoy,Madame,prēdrez en bōne part ce triste,mais salu
bre present:& persuaderez a voz deuotes religieuses le tenir
non seulemēt en leurs petites cellules,ou dortouers,mais au
cabinet de leur memoire,ainsi que le cōseille sainct Hierosme
en vne epistre,disant:Constitue deuant tes yeulx celle image
de Mort au iour de laquelle le iuste ne craindra mal,& pour
celà ne le craindra il,car il n'entendra, Va au feu eternel:mais
viens benist de mon Pere,recoys le royaulme a toy preparé
des la creation du mōde.Parquoy qui fort sera,contemne la
Mort,& l'imbecille la fuye;Mais nul peult fuyr la Mort,fors
celluy,qui suyt la vie. Nostre vie est IESVS CHRIST,
& est la vie qui ne scait mourir.Car il a triūphé de la Mort,
pour nous en faire triumpher eternellement.   Amen.

Diuerses Tables de
MORT, NON PAINCTES,
mais extraictes de l'escripture saincte,
colorées par Docteurs Eccle
siastiques, & vmbra
gées par Philo
sophes.

P O V R Chrestiennement parler de
la Mort, ie ne scauroys vers qui m'en
mieulx interroguer, qu'enuers celluy
bon S. P O L, qui par tant de Mortz
est paruenu a la fin en la gloire de
celluy, qui tant glorieusemēt trium
phant de la Mort, disoit: O Mort, ie
seray ta Mort. Parquoy a ce, que ce
intrepidable Cheualier de la Mort
dict en l'epistre aux Thessaloniques. Ie treuue que là il ap
pelle le mourir vng dormir, & la Mort vng sommeil. Et
certes mieulx ne la pouuoit il effigier, que de l'accomparer
au dormir. Car comme le sommeil ne estainct l'homme,
mais detiēt le corps en repoz pour vng temps, ainsi la Mort
ne perd l'hōme, mais priue son corps de ses mouuementz, &
operatiōs. Et cōme les membres endormiz de rechef excitez
se meuuent, viuent, & oeuurent: ainsi noz corps par la puis
sance de Dieu resuscitez viuent eternellemēt. Nul, certes, s'en

B

va dormir pour perpetuellement demeurer couché là ou il
dort. Auſſi nul n'eſt enſepuely pour touſiours au ſepulchre
demeurer. Et tout ainſi que le ſommeil à l'Empire & domi-
nation au corps,& non en l'ame,car le corps dormant elle
veille, ſe meut, & oeuure : Ainſi eſt immortelle l'ame de
l'homme,& le corps ſeulement ſubiect a la Mort. Et n'eſt la
Mort aultre choſe, que vne ſeparation,que faict l'ame du
corps. Doncqs l'ame eſt la vie, & l'eſprit immortel du corps:
laquelle en ſe ſeparant laiſſe le corps comme endormy,qui ſe
reueillera quãd il plaira a celluy,qui à ſeigneurie ſus l'ame,&
le corps. Et ne ſ'en doibt on par trop douloir de ceſte Chre-
ſtienne dormition,non plus,qu'on ne ſe deult quãd quelcun
de noz chers amys ſ'en va dormir,eſperantz qu'il ſe reueillera quand il aura aſſes dormy. Parainſi ne ſe fault contriſter
quand quelcun ſe meurt:Puys que n'eſt aultre choſe,cõme
dict ſainct Pol,que dormir. Parquoy a ce propoz diſoit vng
poete Payen:Qu'eſt ce q̃ du ſommeil,fors que l'image d'une
froide Mort. Mais pour d'icelle Mort raiſonner ſelon natu-
relle philoſophie. Toute la vie que l'homme vit en ce mõde,
des ſa naiſſance,iuſques a ſa mort,eſt vng engroiſſement de
nature. En telle ſorte que l'homme naiſſant du ventre de ſa
mere,il entre au ventre de naturalité. Et icelluy mourant eſt
de rechief enfanté par naturalité,ſus leſquelz propos eſt con-
tenue toute humaine philoſophie . Parquoy laiſſant a part
les erreurs des Philoſophes affermãtes l'eſprit de l'hõme eſtre
mortel : ſuyurons ceulx qui par meilleure opinion , diſent
l'hõme auoir deux cõceptiõs,& deux vies ſans aulcune mort.
Or pour declarer ceſte non petite Philoſophie,digne certes
deſtre miſe en memoire,fault entendre,que l'homme conceu
au ventre maternel,y croiſt & là ſe maintient de ſa propre

Mere,de laquelle il prend ſa totalle ſubſtance & nourriture,
qui eſt cauſe que les Meres ayment plus tendremēt les enfans
que les Peres. Apres en naiſſant,naturalité le receoit en ſon
ventre,qui eſt ce monde,qui puis le nourriſt & le maintient
de ſes alimentz & fruictz tout le temps qu'il le tient en ſon
ventre mondain.Et cōme la Mere,par leſpace de neuf moys
ne tache que a nourrir & pduire ſon fruict pour l'enfanter,
& le remettre a la charge de naturalité en ceſte vie mōdaine;
Pareillement naturalité durant le temps qu'il demeure en
ſon ventre mōdain ne tache que a le ſubſtāter & bien entretenir pour le produire a maturité,& le faire renaiſtre quand
il meurt à vie meilleure & plus permanante. Doncques au
premier naiſtre,l'homme ſe d'eſnue de celle toille,en laquelle
il naſquit enuelope.Au ſecond ſe deſpouille du corps;affin
que l'ame ſorte de priſon,en ſorte q̃ ce qu'on appelle Mort,
n'eſt que vng enfantement pour meilleure vie,car toutes ſes
naiſſances vont touſiours en meilleurāt.La premiere groſſe
dure neuf moys. La ſeconde communement cent ans. Et la
tierce eſt eternelle,pource que du vētre de naturalité paſſans
a la diuinité , ſommes maintenuz de l'eternelle fruition qui
rend noſtre vie eternelle . En la Mere nous eſtans humains
noſtre manger eſtoit humain.Au monde viuans de monda-
nité ſommes mondains & tranſitoires : mais en Dieu ſerons
diuins,pource que noſtre maintenement ſera de diuine frui-
tion.Et tout ainſi que la creature au vētre de ſa Mere,paſſe
pluſieurs dangiers,perilz,& incōueniens,ſi les meres ne ſont
bien contregardées & gouuernées par les ſaiges femmes,par
la deffaulte deſq̃lles a l'enfanter ſouuent aduient que la creature naiſt morte, ou abortiue,ou meurtrie,ou affollée,ou
auec quelques aultres deffaulx naturelz,qui puis durēt toute

B ij

la vie de la creature,ainfi mal releuée, ainfi non moindres
deffaulx & perilz,mais trop plus pernicieux font en la fecõde
groiffe.Car fi durãt le temps que nous viuons en naturalité,
ne viuons bien felon Dieu & raifon,en lieu d'enfanter mourons,& en lieu de naiftre fommes aneantiz,pour autant que
alors l'Ame par ces deffaulx,ne pouuãt entrer ne venir en la
lumiere de la diuinité , eft englourie d'ans l'Abifme infernal
trefmortifere. Et tout ainfi que par le deffault des faiges perfonnes qui faigemēt doibuent releuē & adreffer les enfante-
mens plufieurs creatures meurent au fortir du ventre ma-
ternel.Ainfi par faulte de bons enfeigneurs & parrains en ce
poinct & article que nous appellons Mort,que i'appelle icy
naiffance,plufieurs fe perdent.Doncques fi pour le premier
enfantement,on eft tant foucieux de trouuer les plus dextres
& expertes faiges femmes que l'on faiche:Pour le fecond,qui
eft la Mort,ne fe doibt on trop plus trauailler,pour le recou-
urement des faiges & fainctes perfonnes,qui bien fcaichent
adreffer, & conduire a bon port,le fruict de cefte feconde
naiffance qui va de cefte vie en laultre,affin que la creature y
peruienne fans monftruofité,ou laideur difforme de peché,
pour autant que l'erreur de ce fecond enfantement eft a
iamais incorrigible & inemendable , & non le premier qui
fouuent eft corrigé & racouftré en ce mõde,auql les deffaulx
naturelz font qlque foys pour medicines,ou aultre moyen
aydez & fecourus.Et pourtãt a chofe de fi grãde importãce,
il me femble que c'eft vng grãd aueuglïffemēt,d'en eftre tant
negligens comme lon eft,& fi mal aduifez. Si quelcun veult
nauiguer fus mer,ceft chofe merueilleufe de veoir les grans
appareilz de victuailles & d'aultres chofes neceffaires q lon
faict.Les gēfdarmes & foudars,qlle prouifion font ilz,pour

foy bien equipper? Auec quelle folicitude vā le marchant
es foires & marchez? Quel trauail & cōtinuel labeur obmect
le laboureur, pour recueillir fruict de fon agriculture? Quelle
peine mettent les vngz a bien feruir, & les aultres a imperieu
fement cōmander? Eft il riens qu'on ne face pour entretenir
noftre fanté corporelle? Certes tout ce que touche ou appar-
tient au corps, nous le nous procurons auec vng foucieux
efmoy: mais de la chetifue Ame n'auōs cure ne foucy. Nous
fcauons treshien que vng iour elle doibt naiftre, & que au
fortir de ce ventre du corps n'auons penfé a luy apprefter
draps ne lange, pour l'enueloper, qui font les bōnes oeuures
fans lefquelles on ne nous laiffe au geron du Ciel entrer. Les
bonnes oeuures certes font les riches veftemens & dorez,
defquelz Dauid veult eftre reueftue la fpirituelle efpoufe. Ce
font les robes defqlles fainct Pol defire que foyons reueftuz,
affin que cheminons honneftemēt. Veillons donc & faifons
cōme la bōne Mere, que auant que venir au terme d'enfanter
faict les preparatiues & appareilz de fon enfanton. Ceft appareil eft la doctrine de biē mourir, que icy eft appellée bien
naiftre. Appareillons nous donc vne chemife blanche d'in-
nocence, Vng lange tainct de rouge, d'ardente charité. Vng
cierge de cire, en blanche chaftetê. Vne coiffe d'efperance.
Vne cotte de foy, bādée de vertuz, pour nous emmailloter.
Vng corail de faigeffe, pour nous refiouyr le cueur. Et pour
ce que la diuinité doibt alors eftre noftre Mere nourriffe, &
nous doibt alaicter de fes trefdoulces mammelles de fcience,
& d'amour, nettoyons nous premierement, des ordures &
maulx pris de nature, qui eft le peché, le vielAdam, l'inclina-
tion de la chair, la rebellion cōtre l'efperit. Lauons nous auec
l'hermes, comme les enfanteletz qui pleurent en naiffant. San

B iij

ctifions nous auec le Baptefme de penitēce,qui eft le Baptef
me du fainct efprit.Et fi durāt toute noftre vie en ce monde
nous faifons vng tel appareil,quãd ce viendra a l'enfantemēt
de la Mort,nous naiftrons,cōme naifquirent les Sainctz,la
Mort defquelz appellons naiffance,car alors commencerent
ilz a viure. Et pource que ces appareilz,& prouifiōs ne font,
faictes q̃ de biē peu de gens,tant fommes en celà negligēs,&
n'à on foucy de pouuoir auoir pour le moins vng linceul ou
fuaire,pour au iour de la Mort y pouuoir eftre enuelopé,ne
d'eftre reueftu d'aulcunes robes quand l'ame fe defpouillera
du corps,il me femble que cefte tant fotte nōchaillāce doibt
eftre grandement accuf:e deuant Dieu & deuant les hōmes:
auec le linceul ou fuaire ou eft enfepuely en terre le corps,
affin que là tout foit mange des vers. Et auec les robes de
l'ame,fi elles font de bonnes oeuures tyffues,on entre en là
gloire fans fin pardurable,& de cela,l'erreur,on n'à foing ne
cure.A cefte caufe pour inciter les viuans a faire prouifion
de telles robes & veftemens,n'ay fceu trouuer moyen plus
excitatif,que de mettre en lumiere ces faces de Mort,pour
obuier qu'il ne foit dit a noz ames,Comment eftes vous icy
venues,n'ayant la robe nuptialle:Mais ou trouuera on ces
veftemens:Certes a ceulx & a celles qui pour ne fcauoir lire
pourroient demeurer nudz,n'ayans la clef pour ouurir les
thefors des fainctes efcriptures,& des bons Peres,font prefen
tees ces triftes hiftoires,lefquelles les aduiferont d'emprunter
habitz de ceulx,qui es coffres des liures,en ont a habōdance.
Et ceft emprunt ne fera autant louable,a celluy qui l'emprūn
tera,que prouffitable au prefteur,& n'eft fi riche qui n'ayt
indigēce de telz veftemens.Tefmoing ce qu'eft efcript en
l'Apocalypfe au troifiefme chapitre. Preparons nous donc

DE LA MORT.

(dit fainct Bernard en vng fien fermõ)& nous haftõs d'aller
au lieu plus feur,au champ plus fertile,au repas plus fauou-
reux,affin que nous habitons fans crainte,q̃ nous habondiõs
fans deffaulte,& fans facherie foyons repeuz. Auquel lieu la
Mort nous cõduira,quand celluy qui la vaincue la vouldra
en nous faire mourir.Auquel foit gloire & honneur eternellement.   Amen.

Formauit DOMINVS DEVS hominem de limo
terræ,ad imaginē suam creauit illum,masculum & fœmi-
nam creauit eos.

GENESIS I. & II.

DIEV, Ciel,Mer,Terre,procrea
De rien demonstrant sa puissance
Et puis de la terre crea
L'homme,& la femme a sa semblance.

Quia audisti vocem vxoris tuæ, & comedisti
de ligno ex quo preceperam tibi ne come‑
deres &c.

GENESIS III

ADAM fut par EVE deceu
Et contre DIEV mangea la pomme,
Dont tous deux ont la Mort receu,
Et depuis fut mortel tout homme.

C

Emiſit eum DOMINVS DEVS de Para-
diſo voluptatis, vt operaretur terram de qua
ſumptus eſt.
GENESIS III

DIEV chaſſa l'homme de plaiſir
Pour uiure au labeur de ſes mains:
Alors la Mort le uint ſaiſir,
Et conſequemment tous humains.

Maledicta terra in opere tuo, in laboribus come-
des cunctis diebus vitæ tuæ, donec reuerta-
ris &c.

Mauldicte en ton labeur la terre.
En labeur ta uie useras,
Iusques que la Mort te soubterre.
Toy pouldre en pouldre tourneras.

C ij

Væ væ væ habitantibus in terra.
APOCALYPSIS VIII
Cuncta in quibus spiraculum vitæ est, mortua sunt
GENESIS VII

Malheureux qui uiuez au monde
Tousiours remplis d'aduersitez,
Pour quelque bien qui uous abonde,
Serez tous de Mort uisitez.

Moriatur sacerdos magnus.
IOSVE XX
Et episcopatum eius accipiat alter.
PSALMISTA CVIII

Qui te cuydes immortel estre
Par Mort seras tost depesché,
Et combien que tu soys grand prebstre,
Vng aultre aura ton Euesché.

C iij

Dispone domui tuæ, morieris enim tu, & non viues.
ISAIÆ XXXVIII
Ibi morieris, & ibi erit currus gloriæ tuæ.
ISAIÆ XXII.

De ta maison disposeras
Comme de ton bien transitoire,
Car là ou mort reposeras,
Seront les chariotz de ta gloire.

Sicut & rex hodie eſt,& cras morie=
tur,nemo enim ex regibus aliud
habuit.
ECCLESIASTICI   X.

Ainſi qu'auiourdhuy il eſt Roy,
Demain ſera en tombe cloſe.
Car Roy aulcun de ſon arroy
N'a ſceu emporter aultre choſe.

Væ qui iuſtificatis impium pro mu
neribus,& iuſtitiam iuſti aufertis
ab eo.

ESAIE   V

Mal pour uous qui iuſtifiez
L'inhumain,& plain de malice,
Et par dons le ſanctifiez,
Oſtant au iuſte ſa iuſtice.

Gradientes in superbia
poteſt Deus humilia-
re.
DANIE. IIII

Qui marchez en pompe ſuperbe
La Mort vng iour uous pliera.
Cõme ſoubz uoz piedz ployez l'herbe,
Ainſi uous humiliera.

D

Mulieres opulentæ furgite, & audite vocem
meam. Poſt dies, & annum, & vos contur=
bemini.
I S A I Æ   X X X I I.

Leuez uous dames opulentes.
Ouyez la uoix des trefpaſſez.
Apres maintz ans & iours paſſez,
Serez troublées & doulentes.

Percutiam paſtorem,& diſpergentur
oues.

XXVI   MAR.   XIIII

Le paſteur auſſi frapperay
Mitres & croſſes renuerſées.
Et lors quand ie l'attrapperay,
Seront ſes brebis diſperſées.

D ij

Princeps iuduetur mœrore. Et
quiefcere faciam fuperbiã po
tentium.

EZECHIE.　VII

Vien, prince, auec moy, & delaiffe
Honneurs mondains toſt finiſſantz.
Seule ſuis qui, certes, abaiſſe
L'orgueil & pompe des puiſſantz.

Ipſe morietur. Quia nõ habuit diſci-
plinam, & in multitudine ſtultitiæ
ſuæ decipietur.
PROVER. V

Il'mourra, Car il n'a receu
En ſoy aulcune diſcipline,
Et au nombre ſera deceu
De folie qui le domine.

D iiij

Laudaui magis mortuos quàm
viuentes.

ECCLE. IIII

J'ay tousiours les mortz plus loué
Que les uifz, efquelz mal abonde,
Toutesfoys la Mort ma noué
Au ranc de ceulx qui font au monde.

Quis est homo qui viuet, & non videbit
mortem, eruet animã suam de manu
inferi?

PSAL.   LXXXVIII

Qui est celluy, tant soit grand homme,
Qui puisse uiure sans mourir?
Et de la Mort, qui tout assomme,
Puisse son Ame recourir?

Ecce appropinquat hora.

M A T.   X X V I

Tu uas au choeur dire tes heures
Priant Dieu pour toy, & ton proche:
Mais il fault ores que tu meures.
Voy tu pas l'heure qui approche?

Disperdam iudicem de medio
eius.

AMOS II

Du mylieu d'eulx uous osteray
Iuges corrumpus par presentz.
Point ne serez de Mort exemptz.
Car ailleurs uous transporteray.

E

Callidus vidit malum,& abſcõdit ſe
innocens,pertranſijt,& afflictus eſt
damno.

PROVER.   XXII

I ’homme cault a ueu la malice
Pour l’innocent faire obliger,
Et puis par uoye de iuſtice
Eſt uenu le pauure affliger.

Qui obturat aurem suam ad clamorem
paupéris,& ipse clamabit,& non exau-
dietur.
PROV. R.　　XXI

Les riches conseillez tousiours,
Et aux pauures clouez l'oreille.
Vous crierez aux derniers iours,
Mais Dieu uous fera la pareille.

E ij

Væ qui dicitis malum bonum,& bonum malũ,
ponentes tenebras lucem,& lucem tenebras,
ponentes amarum dulce,& dulce in amarum.
ISAIÆ ❧ V.. *v.20.*

Mal pour uous qui ainſi oſez
Le mal pour le bien nous blaſmer,
Et le bien pour mal expoſez,
Mettant auec le doulx l'amer.

Sum quidem & ego mortalis
homo.

SAP.   VII

Ie porte le sainct sacrement
Cuidant le mourant secourir,
Qui mortel suis pareillement.
Et comme luy me fault mourir.

E iij

Sedentes in tenebris, & in vm=
bra mortis, vinctos in mendi=
citate.

PSAL.   CVI

Toy qui n'as soucy, ny remord
Sinon de ta mendicité,
Tu sierras a l'umbre de Mort
Pour t'ouster de necessité.

Est via quæ videtur homini iusta: nouissi-
ma autem eius deducunt hominem ad
mortem.

PROVER.   IIII

Telle uoye aux humains est bonne,
Et a l'homme tresiuste semble.
Mais la fin d'elle a l'homme donne,
La Mort, qui tous pecheurs assemble,

Melior eſt mors quãm
vita.

ECCLE.   XXX

En peine ay ueſcu longuement
Tant que nay plus de uiure enuie,
Mais bien ie croy certainement,
Meilleure la Mort que la uie.

Medice, cura te
ipſum.

LVCÆ   IIII

Tu congnoys bien la maladie
Pour le patient ſecourir,
Et ſi ne ſcais teſte eſtourdie,
Le mal dont tu deburas mourir.

F

Indica mihi si nosti omnia. Sciebas quòd
nasciturus esses, & numerum dierum
tuorum noueras?

IOB   XXVIII

Tu dis par Amphibologie
Ce qu'aux aultres doibt aduenir.
Dy moy donc par Astrologie
Quand tu deburas a moy uenir?

Stulte hac nocte repetunt ani-
mam tuam, & quæ parasti
cuius erunt?

L V C Æ   X I I

Ceste nuict la Mort te prendra,
Et demain seras enchassé.
Mais dy moy, fol, a qui uiendra
Le bien que tu as amassé?

                              F ij

lingua
Qui congregat thesauros mendacij vanus
& excors est, & impingetur ad laqueos
mortis.

PROVER.   XXI. 6.

Vain est cil qui amassera
Grandz biens,& tresors pour mentir,
La Mort l'en fera repentir.
Car en ses lacz surpris sera.

Qui volunt diuites fieri incidunt in laqueum
diaboli, & defideria multa, & nociua, quæ
mergunt homines in interitum.

I   AD TIMO.   VI

Pour acquerir des biens mondains
Vous entrez en tentation,
Qui uous met es perilz foubdains,
Et uous maine a perdition.

Subito morientur, & in media nocte turbabuntur populi, & auferent violentum absⓠ manu.

.   I O B   X X X I I I I

Peuples foubdain f'efleueront
A lencontre de l'inhumain,
Et le uiolent ofteront
D'auec eulx fans force de main.

Quoniam cùm interierit non sumet se-
cum omnia,neq cum eo descēdet glo
ria eius.
    P S A L.   X L V I I I

Auec soy rien n'emportera,
Mais qu'une foys la Mort le tombe,
Rien de sa gloire n'ostera,
Pour mettre auec soy en sa tombe.

Spiritus meus attenuabitur,dies mei bre̅
uiabuntur,& folum mihi fupereft fepul̄
chrum.

IOB   XVII

Mes efperitz font attendriz,
Et ma uie f'en ua tout beau.
Las mes longz iours font amoindriz,
Plus ne me refte qu'un tombeau.

Ducunt in bonis dies ſuos, &
in puncto ad inferna deſ
ſcendunt.

IOB   XXI

En biens mõdains leurs iours deſpendẽt
En uoluptez, & en triſteſſe,
Puis ſoubdain aux Enfers deſcendent,
Ou leur ioye paſſe en triſteſſe.

G

Me & te sola mors sepa
rabit.

RVTH.   I

Amour qui unyz nous faict uitre,
En foy noz cueurs preparera,
Qui long temps ne nous pourra suyure,
Car la Mort nous separera.

De lectulo super quem ascendi-
sti non descendes , sed morte
morieris.

IIII   REG.   I

Du lict surs lequel as monté
Ne descendras a ton plaisir.
Car. Mort t'aura tantost dompté,
Et en brief te uiendra saisir.

G ij

Venite ad me qui onerati
estis.

MATTH. XI

Venez,& apres moy marchez
Vous qui estes par trop charge,
C'est assez suiuy les marchez:
Vous serez par moy decharge.

In sudore vultus tui vesceris pane
tuo.

GENE.   I

A la sueur de ton uisaige ·
Tu gaigneras ta pauure uie.
Apres long trauail, & usaige,
Voicy la Mort qui te conuie.

G iij

Homo natus de muliere, breui viuens tempore
repletur multis miferijs, qui quafi flos egre=
ditur, & conteritur, & fugit velut vmbra.
I . O B   X I . I I I

Tout homme de la femme yſſant
Remply de miſere, & d'encombre,
Ainſi que fleur toſt finiſſant.
Sort & puis fuyt comme faict l'umbre.

Omnes stabimus ante tribunal domini.
ROMA.   XIIII
Vigilate,& orate,quia nescitis qua hora.
venturus sit dominus.
MAT.   XXIIII

Deuant le trofne du grand iuge,
Chascun de foy compte rendra,
Pourtant ueillez,qu'il ne uous iuge,
Car ne fcauez quand il uiendra.

Memorare nouiſſima,&
in æternum non pec‑
cabis.

ECCLE.   VII

Si tu ueulx uiure ſans peché
Voy ceſte imaige à tous propos,
Et point ne ſeras empeſché,
Quand tu t'en iras a repos.

FIGVRES DE LA MORT

moralement defcriptes,& depeinctes
felon l'authorité de l'fcriptu
re,& des fainctz Pe,
res.

Chapitre premier de la premiere figurée
face de Mort.

Vi eft ce,qui a laiffé la Pierre angulaire, dift Iob.Sus lefqlles parolles fault noter que la pierre eft dicte en Latin lapis,qui felon fon ethimologie, vient de lefion de pied.Car aux cheminãs quelque foys fe rencontrent les pierres,& par l'offen= dicule qlles font aux piedz,fouuent font trebucher les gens.Qui nous figure la Mort,qui ainfi a l'improueu les cheminãs tant plus rudemẽt frappe,& profterne,d'autãt qu'elle les trouue plus affeurez, & non aduifez.Or la pierre angulaire eft faicte en forte,que en quelque forte qu'elle tombe,elle demeure droicte,a caufe de fon equalité.Auffi la Mort pareillemẽt efgallemẽt tom= bante,efgalle auffi toutes puiffances,richeffes, haultainetez, & delices en vng coup les defrompant.Et n'eft qui puiffe a fon impetuofité refifter.Comme il eft figuré par Daniel là, Daniel.2. ou il veit la ftatue de Nabuchodonofor.Le chef de laquelle eftoit dor,les bras & la poictrine dargẽt,le corps ou le vẽtre darain,les cuyffes de fer,& auoit les piedz faictz feullement de fange.Sẽfuyt apres.Il y a vne pierre de la mõtaigne taillée

H

fans mains,& frappée fa ftatue par les piedz fut brifée,& ré-
duicte en cendres.Qui n'eft aultre chofe,que la figure d'ung
grand riche homme ayant la tefte dor par la nobleffe de fon
fang,& lignaige.Les bras,& poictrine dargent par la grãde
richeffe,quil à acquife par foucy & trauail. Le corps,& le
vêtre,qui eft d'arain,f'entend le renom qu'il à, Car larain eft
fonoreux. Par les cuyffes de fer eft denotée la puiffance,&
force qu'il à.Mais le pied de terre,& de fange,nous fignifie fa
mortalité. La pierre eft taillée de la montaigne de diuine iu-
ftice. Eft afcauoir humaine Mort,laquelle n'eft fabriquée de
la main de Dieu. Car Dieu n'à faict la Mort,& ne fe delecte
en la perdition des viuans:mais ce font noz miferables pre-
miers parentz,qui luy ont donné celle force. Laquelle frap-
pant a l'improueu les hommes,rend tous trebuchant. Car
fon impetuofité eft tant incertaine en fa maniere de faire,&
en quel lieu,& en quel têps elle doibt aduenir,que humaine

Augu. in
foliio.j. prudêce eft infuffifante d'y pouuoir obuier.Parquoy fainct
Auguftin difoit.Celle opportune Mort en mille fortes tous
les iours rauit les hommes . Car elle opprime ceftuy par
fiebure,& ceft aultre par douleurs.Ceftuy eft confumé par
famine. Laultre eftainct par foif. La Mort fuffocque l'un en
eaue.Laultre elle deftruict en flammes.Elle occift l'un au Gibet. Laultre par les dentz des beftes fauluaiges.Laultre par
fer,& laultre par venin. Par ainfi la Mort par tous moyens
contrainct l'humaine vie finir miferablement. Et fur toutes
les miferes ceft chofe miferabiliffime de ne veoir riens plus
certain,que la Mort,& riens plus incertain,que de l'heure
qu'elle doibt venir.

Chapitre de la feconde face de la Mort
morallement depaincte.

L s'est faict, dict le liure des roys, cornes de fer. Il 3. Reg.22.
fault sçauoir, que nature à si bien proueu aux be-
stes pour leur defension, que au lieu des armes,
de quoy elles ne sçauent vser, elle à baillé a celles,
qui n'ont dentz pour mordre, cornes pour ferir, & signam-
mēt à dōné deux cornes aux bestes pour ferir de tous costez.
Ainsi la Mort beste cornue, armée de deux tresaigues cornes,
affin qu'elle fiere a dextre & à senestre, c'est a dire, affin que
ieunes & vieulx, pouures & riches meurtrisse de ses attain-
ctes, tient indifferamment vng chascun soubz sa puissance
& force, ce que veit en figure Daniel estant a Suze deuant la Daniel 8.
porte du palus, ou il veit le Mouton ayant haultes cornes, &
l'une plus haulte que l'aultre; & ventilloyāt ses cornes contre
Orient, & cōtre occidēt, contre Mydi, & cōtre Septentrion,
& toutes les bestes ne luy pouuoyent resister: qui n'est aultre
chose, que la figure de celle Mort, qui à deux cornes. Et si lon
en euite l'une, lon ne peult fuyr l'aultre. Elle frappe en Oriēt,
c'est asçauoir en l'eage puerile, & en l'Australle region, qui est
en la iuuentude immunde & chaleureuse. Elle frappe aussi en
Septentrion froid & sec, qui est en la vieillesse. Puis en Occident. Car aulcuns iusques a decrepite elle attend, & ceulx là
fiert plus molestement daultant que plus l'ont precedée, ge-
missemens & douleurs, de la salut nō esperée. Et a ce propos
disoit Seneq̄. Il y à aultres genres de mortz qui sont meslez
d'esperance. La malladie à faict son cours quelque foys l'in-
flammation sestainct. La mer reiecte hors plusieurs quelle
auoit englouty. Le Cheuallier reuocque souuent le cousteau
du chef de celluy quil vouloit occir. Mais de celluy lequel
decrepite cōduict a la Mort, n'à chose en quoy il espere. Mais
le bon Seneque en son liure des naturelles q̄stions baille vng

bon remede pour n'eſtre côſterné au dur poinct de la Mort,
diſant. Fais que la Mort te ſoit familiere par cogitation,affin
que ſi ainſi le permect fortune,que tu ne la puiſſe ſeullement
attendre,mais que auſſi hardiment luy voiſe audeuant.

Chapitre de la tierce face de la Mort.

I les larrons,& malfaicteurs ſe ſcauoient transformer,& deſguiſer es lieux,ou ilz ont faict le mal,
ſouuêtesfois ilz euiteroiêt le Gibet,ou les peines
de iuſtice.Mais nous voyons cômunement adue-
nir,qu'ilz ſont touſiours pris a l'improueu,& que le peché
les maine ainſi,que la plus part d'iceulx ſe viennent bruler a
la chandelle. Semblablemêt ſi les pecheurs de ce môde,apres
ce,qu'ilz ont offencé Dieu,ſe ſcauoient transformer,& tranſ-
porter de peché par penitence a grace,l'eternel Iuge ne les
recongnoiſtroit pour les condemner aux eternelles peines.
Mais pource qu'ilz ſe confient a leur ieuneſſe,& ſanté corpo
relle,ou a leurs biens temporelz,la main du iuge par ſon
bourreau,ou ſergêt,c'eſt a dire par la Mort,les ſurprêt alors,
qu'ilz penſoient eſtre les plus aſſeurez. Ainſi en print il au
Daniel.5. roy Balthaſar. Lequel,comme recite Daniel,feit vng grand
banquet a ſes gêtilzhômes,abuſant des vaiſſeaulx du Têple,
eſquelz il donnoit a boire a ſes concubines,& a celle heure
apparut vne main eſcripuâte en la muraille de ſon Palaix,ces
troys motz.Mane Thethel Phares. Laquelle viſion eſtonna
ſi fort le Roy,qu'il feit appeller tous les Magiciens Caldées,
& deuineurs de ſon royaulme leur promettât grandz dons,
ſilz luy expoſoient le ſens de celle eſcripture. Mais tous ces
enchâteurs ny entêdoient riens.Finablemêt Daniel là amenê

les expofa en cefte forte. Mane, c'eft a dire, ton Royaulme eft denombré, o Roy, pour te dōner a entendre que le nombre des iours de ton regne eft accōply. Thethel, veult a dire, que tu es mys es ballances, & te es trouué treslegier. Phares figni fie diuifé. Pour monftrer que ton regne fera diuifé, & donné a ceulx de Perfe, & de Mede. Et cela fut accomply la nuict fuyuante, ainfi que dict le Maiftre des hiftoires. Mais quelle figure, & face de Mort nous baille ce Balthafar, qui eft inter preté, Turbation, & defigne le pecheur ingrat, duquel Dieu a long temps attendue la conuerfion, & ne f'eft conuerty. A caufe dequoy la diuine fentence irritée enuoye contre fon chef perturbation. Pource qu'il abufe des vaiffeaulx du Tem ple. Car il employe la memoire, la voulenté, & l'intelligence aux voluptez, & terriēnes delectations, lefquelles debuoient eftre occupées aux biens fpirituelz, & celeftes cōtemplations. Mais quand il penfe viure plus feurement, & plus heureufe ment, & floriffant en ieuneffe, enuironné de delices, plaifirs, & profperitez de corps, & de biens, la Mort repentine ruant fus la fallace & fugitiue efperance, fus laquelle le miferable fe fondoit, la brife, & abolly. Et alors ce chetif Balthafar, c'eft a dire le Pecheur, preuenu de cefte non preueue perturbation, faict venir a luy les Caldees, c'eft afcauoir les medecins, leur promettāt grand falaire, f'ilz le peuuēt preferuer de la Mort. Mais tous les medecins, ne toutes les drogues, ne peuuent expofer la caufe de celle efcripte malladie au mur de fon corps, & ne fcaiuent refifter que la Mort, là enuoyée, ne face fon office. Car Daniel, c'eft a dire la diuine fentence, & irreuo cable diffinitiō, fera executée. Par ainfi eft dict, que le nombre du regne eft nombré, pour ce que accomply eft le terme de ce pecheur, qui ne f'eft amende, Combien que Dieu l'ait lon=

H. iij

guement attendu.Et fi eft mys a la balance de l'examen,ou il
eft trouue eftre fort amoindry. Car il n'à eu cure de garder
l'image de fon Createur,& les talentz a luy commis,qui font
la memoire,intelligence,& la voulenté,il les à diffipées fans
en faire gaing,ne prouffit fpirituel,bien qu'il fceut que le Sei
gueur,qui les luy auoit baillées,en attédoit la fpirituelle vfu-
re.Et pource la fentéce diuine eft donnée contre luy,que fon
royaulme foit diuife,c'eft a dire fon corps,qui eft en deux re-
gions,c'eft afcauoir,en la fpirituelle & corporelle que font
l'Ame,& le Corps:dont vne part en fera dónée aux vers qui
fera le Corps pour le rouger,Et l'Ame au feu d'Enfer,pour
y eftre perpetuellement tormentée,qui eft la face de Mort
treshorrible,de laquelle Dieu nous vueille preferuer, & laquelle on doibt craindre a veoir.

Chapitre de la quarte face de Mort.

Nuoyez les faulx.Car les moiffons font meures,
dict Iohel,au bon agriculteur, qui ne laiffe fon
champ oyfif quand il voit le temps venu qu'il
fault recueillir les grains.Car,apres ce qu'il en à
leué le fromét,il y feme Raues,ou aultres chofes aptes a croi-
ftre.Parquoy il eft foliciteux,de moiffonner les bledz,quand
ilz meuriffent. Pareillement l'Agriculteur de cefte prefente
vie eft Dieu,& vng chafcun de nous eft la moiffon,qui doibt
en ce champ fructifier. Nous voyons que les femences font
laifsées au champ iufques au temps de moiffon,& alors font
faulchées auec la faulx,& ne les y laiffe on plus,& les meures
font auec les non meures moiffonnées. Or,pour parler a
propos.Dieu en cefte vie nous cócede le temps de moiffon-

ner,affin que venans a la meurée moiſſon,ſoyons remis es
greniers du Seigneur,c'eſt aſcauoir en la vie eternelle, & ne
ſoyons tranſmis auec les pailles pour brusler.Et ſi nous ne
produiſions fruict en temps deu,la diuine iuſtice ne nous
permettra plus demeurer en ce champ:mais auec la faucille
de la Mort nous ſauchera du champ de ceſte preſente vie,
ſoit que nous ayons produict doulx,ou aigres faictz. Celã
bien preueit ſainct Iehan en ſon Apocalypſe quãd en viſion
luy fut monſtré vng Ange,auquel fut cõmande,qu'il moiſ- **Apo.14.**
ſonnaſt.Pource que les bledz eſtoient meurs.Venue(dict il)
eſt l'heure qu'il fault moiſſôner.Et il miſt ſa Faucille en terre,
& moiſſonna. Et là ſenſuyt enapres. Et l'aultre ſortiſt qui
auoit vne Faulx aigue,& l'Ange,qui auoit la puiſſance ſus le
feu,dict a celluy,qui auoit la ſaulx.Metz dict il,la ſaulx aigue,
& vendãge les bourgeons de la vigne.Ce qu'il feit,& ce qu'il
vendangea,il le miſt au lac de l'ire de Dieu. Que nous ſigni-
fie,ou figure ceſte Faulx,ſinon la Mort humaine?& a bonne
raiſon.Car combien que les eſpicz des bledz quand ilz ſont
au champ ſoient l'ung plus grand que laultre,& plus longs,
ou plus gros,toutesfois vers la racine pour le couper de la
faucille ſont trouuez tous eſgaulx. Et ainſi faict la Mort aux
humains.Car iacoit ce que au champ d'humaine vie,l'ung
ſoit plus hault,plus excellent que laultre par la grandeur de
nobleſſe,ou de richeſſe,toutesfois la Mort en les moiſſonnãt
& les reduiſant en Gerbes, ſi quelcun les aduiſe bien,il les
trouuera tous eſgaulx. Nous en auõs l'exemple en Diogene,
qui ne peult trouuer aulcune difference entre les os des nobles,& ignobles. Dont ie prens la premiere Faucille pour la
Mort des iuſtes,qui au champ de ceſte preſente vie,entre les
buiſſons d'aduerſitez labourans ſont eſprouuez , puis par

uenuz a parfaicte maturité,font moiffonnez,affin qu'ilz ne
foyent plus fubiectz aux dangers des tempeftes,& grefles de
ce monde : & affin que la chaleur ne leur tombe deffus.Et
la Mort de telz eft precieufe deuant Dieu. Quant a l'aultre
Ange tenāt la faulx tant aigue,qui moiffonne les bourgeons
de la vigne,c'eft la Mort des pecheurs,de laꝗlle le Pfalmifte
dict.La Mort des pecheurs eft mauluaife. Et c'eft le Diable,
qui à la puiffance fus le feu eternel,que Dieu luy a baillée,&
que par la permiffion de Dieu commande les pecheurs eftre
vendengez,& eftre rauiz de la vigne de cefte prefente vie,
c'eft afcauoir quand ilz ont accomply leur malice, quand
en temps deu,& attendu au lieu de produire doulx raifins,
ont produict ameres Lambrufques,perfeuerans en iniquité,
& malice fans cõtrition ne repentãce,& faulchez de la vigne,
font gettez au lac Infernal,ou ilz feront foullez,& leurs ope-
rations eftainctes.Parquoy bien difoit de telz fainct Auguftin,C'eft la peine de peché trefiufte,que vng chafcun perde
ce,de quoy il n'à bien voulu vfer. Car qui n'à faict fruict en
ce monde, dequoy fert il,que pour le coupper , & mettre
au feuꝫ

Augu.t.
onieſ.

Chapitre de la cinquiefme figurée face de la Mort.

Mat.24.

On fans grande figurée fimilitude de la Mort eft
il efcript en fainct Matthieu.Comme fort l'efclair
du tonnerre en Orient. Et fault entēdre,que c'eft
vne mefme caufe de l'efclair,& du tonnerre,&
quafi vne mefme chofe:mais elle eft apperceue par deux fen-
timens.C'eft afcauoir de l'ouye,& de la veue:& l'efclair eft
plus toft veu,que le tonnerre n'eft ouy.Mais toutesfoys ilz
viennent

viennent tous deux enfemble. Et cefte priorité ne vient que
de la partie du fentiment.Car l'efpeceviſible eſt plus toſt mul
tipliee, que lentēdible,cõme on le veoit par experiēce,quand
on frappe d'ung grand coup quelque choſe,le coup eſt plus
toſt veu,que le ſon du coup n'eſt apperceu de ceulx,qui ſont
de là loingtains. Ainſi eſt il du tonnoirre,& de l'eſclair & ful
guration d'icelluy.Mais q̃lque fois le tõnerre,& l'eſclair frap
pent tout en vng coup,& alors il eſt fort dãgereux.Car c'eſt
ſigne,qu'il eſt pres de nous.Par ainſi nõ ſans cauſe la ſaincte
eſcripture appelle laMort fulguratiõ,Car le cours de l'eſclair
eſt D'oriēt en Occident. Et le cours de la Mort eſt de la nati
uité iuſques a la fin. Pourtant ceſte Mort eſt ſemblable à ce,
que leſcripture crie.Car quand elle dict. Il eſt eſtably a tous
les hõmes de mourir vne foys,Nous voyons cõtinuellemēt
ceſte fouldre frapper ceſtuy,& ceſtuy cy.Mais nous ne oyõs
la voix du diſant.Tu mourras , & ne viuras. Et pourtant en
aulcune facon ne croyons que debuons mourir.Cõme on le
voit par exemple de celluy,qui eſt en vne nauire,& obuie a
vne aultre,qui eſt nauigante ſur mer,& luy ſemble que la
ſienne ne ſe bouge,& que laultre face ſeullemēt chemin,com
bien que toutes deux voiſent auſſi toſt l'une q̃ l'aultre. Ainſi
les hommes en la chair,viuans ſelon la chair voyent conti
nuellement le decours,& fin de la vie preſente vers chaſcun.
Et toutesfois ilz pēſent eſtre imortelz.Mais c'eſt alors choſe
fort perilleuſe,quãd la Mort eſt tout enſemble ouye & veue.
Car on n'y peult pourucoir. Semblablemēt c'eſt choſe fort
dangereuſe quand le pecheur ne oit la diuine eſcripture en
ſa vie,mais attend experimenter quand la Mort ſoubdaine
le viendra frapper. Car alors n'y pourra il donner remede,
cõme dict Seneque. O toy incenſe,& oublieur de ta fragilité,

I

Exodi.9. ſi tu crains la Mort quand il tonne,& non deuant. Nous en liſons vne belle figure en Exode là ou il eſt eſcript,que par toute l'Egypte furent faictz des tōnerres,& des eſclairs meſ ſez de feu auec de greſle,& de tempeſte. Et les iumentz,qui furent trouuées hors les maiſons, ſont mortes. Or l'Egypte eſt interpretée tenebres,qui nous repreſente l'aueuglillemēt des pecheurs ayans yeulx,& nō voyans.Certes les ſoubdains tonnerres & fouldres,ſont faictes quād auec la mortelle infir mité,la gehaine d'Enfer les ſurprent. Et pource que hors des maiſons de penitēce ilz ſont trouuez vagans par les champs de vanité de ceſte vie preſente,pourriſſans cōme iumētz aux fumiers de la chair,deſcendāt ſur eulx la tempeſte de repētine Mort,ſoubdain ſont eſtainctz. Et des Diables moleſtez ſont

Grego. lib.6. mora. rauis a l'heure de la Mort.Dont ſainct Gregoire a ce propos diſoit. L'antique ennemy pour rauir les ames des pecheurs au temps de la Mort desbride la violēce de cruaulté,& ceulx que viuans il a trompé par flateries,ſencrudeliſant les rauit mourans. Bien debuons nous donc ouyr le tonnerre de la ſacrée eſcripture diſant.Là ou ie te trouueray,ie te iugeray. Pourtant nous enſeigne le Saige a conſiderer noz derniers

Grego. 34.mora. iours,affin que ne pechons,mais ſoyons touſiours preparez. Parquoy diſoit ſainct Gregoire. Qui cōſidere coment il ſera a la Mort,ſe tiendra deſia pour mort.

Chapitre de la ſixieſme figurée face de la Mort.

Neemie.8 Liſant ce qu'eſt eſcript en Neemie le Prophete.Le peuple eſt congregé deuant la porte des eaues, l'ay ſus cela contemplé,qu'il n'yà aulcune voye tant longue,qui par continuation de cheminer,

ne ſoit quelquefois acheuée, mais quelle aye quelque bout,
ou fin. Semblablemēt ceſte preſente vie, c'eſt vne voye entre
deux poinctz encloſe & terminee, c'eſt aſcauoir entre la natiuite, & la Mort. Et pourtāt nous ſommes tous viateurs, dont
il nous fault venir au terme, & a la porte, c'eſt aſcauoir a la
Mort, qui eſt dicte la fin de la preſente vie, & le cōmencemēt
de la ſubſequente. Il eſt bien vray, que quelque fois la porte
eſt ardue. Et pource qu'elle eſt eſtroicte, il fault les entrās par
icelle eſtre deſchargez, & agilles, affin que pour le faix de
quelque choſe empeſchez ne puiſſions entrer, & que ſoyons
forclos. Plus ſpirituellement parlant aux fidelles, deſirans la
vie future, Il leur fault entrer par la porte de la Mort de bon
gré, & ſe preparer en la vie tellemēt, que au iour du paſſaige
ſ'eſtre deſchargé des pechez du Diable, qui eſt appreſté pour
alors macter, & oppreſſer les pecheurs, leſquelz il trouuera
occupez de la peſāteur de peche. Parquoy diſoit Iob. Loing
ſeront faictz ſes filz de ſalut, & ſeront briſez a la porte. Et de
cecy nous en baille vne figure Hieremie là, ou il recite noſtre
Seigneur auoir dict. Gardez vos ames, & ne veuillez porter
charges, ou faix au iour du Sabbat, & ne les mettez dedās les
portes de Ieruſalem. Et puis il adiouſte. Ne mettez les charges par les portes de ceſte Cité. Au iour du Sabbat entrerōt
par icelles les Princes du royaulme ſe ſeans ſur le ſiege de
Dauid hōme de Iudee. Le iour du Sabbat nous repreſente
le repos, & le iour, qui eſt le dernier de la ſepmaine, c'eſt a dire
le dernier iour de l'hōme, le iour de la Mort, Auql ne fauldra
trouuer l'homme chargé de pondereux fardeaulx. Car alors
ſont difficiles a deſcharger. Mal ſe peult l'hōme alors cōfeſſer
& alleger ſon ame de peché. A ceſte cauſe nous enſeigne noſtre ſeigneur. Priez que voſtre ſuitte ne ſoit faicte en hyuer.

Hiere.xvij.

ou au iour du Sabbat,il nous fault vng iour entrer par le
ſtroicte & ardue porte de la Mort humaine,qui eſt de ſi gran
de eſtroiſſeur,que ſi au parauant ne ſont mys ius les faix de
peche,nul peult par icelle liberallement entrer,dont diſoit ce
moral Seueque.Si nous voulõs eſtre heureux,ſi ne des Dieux
ne des hõmes,ne des choſes ne voulons auoir crainte,deſpri=
ſons fortune promettãte choſes ſuperflues.Et quand Ieremie
dict.Par celle porte entreront les Roys,c'eſt a entendre,que
qui auront bien veſcu,& qui auront regne ſus les vices par
confeſſion,ſe deſchargeans de la peſanteur de peché entrant
par ceſte porte de Mort a tous cõmune,habiterõt celle cele=
ſte Cité de Ieruſalem,interpretée viſion de paix:& ne ſeront
confunduz,cõme dict le Pſalmiſte,quand ilz parlerõt a leurs
ennemys a la porte.

Chapitre de la ſeptieſme figurée face de Mort.

Es mondains quelque grande cõpaignie de gens
qu'ilz ayent,ou quelque grande volupté,qui les
puiſſe delecter,ſont a toutes heures melancoliãs,
triſtes,&faſchez.Et n'orriez dire entre eulx aultre
propos,que, Ie vouldrois eſtre mort. Ie me repens d'auoir
faict cela.Le meſchãt,n'eſt il pas bien ingrat?Mauldict ſoit le
monde,& qui ſ'y fiera. Ie ne veulx plus hanter perſonne. Ia=
mais ie ne me fieray plus a nully.Et telz ou plus eſtranges,&
deſeſperez propos entendrez vous tous les iours de ceulx,
qui non en Dieu,mais es hõmes,mettent leur cõfidence,con
ſolation,& amour.Parquoy de telles gens eſt dict par le Pſal
Pſal.106. miſte.Ilz ont erré en ſolitude,& n'ont congneu la voye de la
Cité.Et certes celle voye eſt fort difficile & perilleuſe,en la=

quelle on trouue en solitude vng passaige doubteux,deuiāt,
& incōgneu. Car q̄lque soys le viateur prenant ce chemin se
deuie du droict chemin.& n'y scait plus reuenir. Et ce pēdāt
est en dāger,d'estre occis,ou des larrōs,ou des bestes sauluai-
ges.Parquoy doibt l'hōme prendre en tel passaige q̄lq̄ guy-
de,& iamais ne l'habādōner.N'est point a vostre aduis,ceste
p̄sente vie doubteuse,Car si au pas de la Mort.iamais elle ne
peult par droicte voye estre trouuée,ce tesmoignāt Iob,qui   Iob.16.
dict.Ie ne retourneray iamais par le sentier,ou ie passe.Nous
debuōs dōc suyure le cōducteur,& celluy bien saichāt le chemin,c'est ascauoir nostre seignr auq̄l ce récitant sainct Marc,
fut dict.Maistre,nous scauons que tu es veritable,& la voye
de Dieu en verité enseignes.Aultremēt deuyeriōs de la voye
de rectitude,& serions pris de ce trescruel larron,qui nous
enuironne nuict & iour pour nous deuorer.Ce que nous a
esté tresbien figuré au liure des Nombres quand les enfans   N.1.14.
d'Israel ne voulās a l'entrée de la terre de promission suyure
Moyse,perirēt par diuers supplices.Ainsi ne voulans suyuir
la voye de penitēce a no⁹ mōstrée par IESVCHRIST
au pas incōgneu de l'horrible Mort,cheminās par les desers,
& solitude de ce monde sommes en danger de tomber entre
les cruelz larrōs,& bestes sauluaiges. A ce propos sainct Ber
nard.O Ame(dict il)que ce sera de celle peur quand auoir   In lib.
laisse toutes choses,la presence desquelles t'est tant plaisāte,   medi.
seulle tu entreras,en vne a toy totallemēt incōgneue region
là,ou tu verras vne tresaffreuse cōpaignie,qui te viendra au
deuāt.Qui est ce qui au iour d'une telle necessite te sourdra?
Qui te defendra des rugissans Lyons preparez a la viande?
Qui te consolera?Qui est ce qui te guydera?Et il sensuit.Eslis
toy dōcques ce tien amy plus que tous tes amys. Leq̄l apres

I iŋ

que toutes chofes te feront efté fubftraictes,feul te gardera
la foy au iour de ta fepulture.Et te conduira par chemin in-
cõgneu,te menãt a la place de la fupernelle Syon,& là te col
loquera auec les Anges deuant la face de la maiefté diuine.

Chapitre de la huictiefme figurée
imaige de la Mort.

Iudi.15.

N lict au liure des Iuges cecy. Il habite en la fpe-
lunque,ou foffe,demonftrant que vng cheminãt
par les neiges en temps clair,quand le foleil luyt
fus icelles,puis arriué a la maifon,ou au logis,il
ne voit plus rien. Et la raifon eft,Car celle blãcheur excellẽte
faict fi grande difgregation aux yeulx,& laiffe vne fantafme
de tãt de clartez,qu'il ne peult veoir aultre chofe.Mais quãd
il entre en la maifon ou bien en obfcure foffe,il luy femble
auoir toufiours deuant fes yeulx celle clarté. Dont il eft fort
dãgereux fi dedans la maifon,ou la foffe à quelque mauluais
pas,qu'il ne fe dommaige en tresbuchant.Et n'y à meilleur
remede,fors de demeurer là vng efpace de temps iufques a
ce,que la fantafme de celle clarté foit euadée.Applicant cecy
au fens fpirituel. Nous prendrons les neiges pour les profpe
ritez de la vie prefente,& a bonne raifon. Car quand les neiges font cõglutinées,elles apparoiffent tresblanches & reluifantes. Et puis quand le vent Auftral leur vient courir fus,
elles deuiẽnent tres fales,& ordes. Ainfi les profperitez de ce
monde,tandis quelles adherent a l'homme,elles apparoiffent
tres claires,belles,& reluifantes. Mais la fortune contrariant
par la volubilité de fa Roue,font cõuerties en gemiffemẽs,&
en pleurs.Et pource les longuemẽt cheminãs par icelles font

fi fort aueuglez au cueur,& en l'affection, que quand ilz
doibuent entrer au logis de la vie future, par la Mort ilz n'y
voyent rien, & ne fcaiuent ou ilz vont. Ilz ont vne fantafme
fi imprimée en leurs penfees,que quafi elle ne fe peult effacer
par la Mort tenebreufe & obfcure. Ilz ne peuuent aduifer la
foubdainete de la Mort,ne les perilz Infernaulx, ne la crainte
du Iuge.Et briefuemēt ne peuuent rien penfer,fors la felicité
de cefte vie mortalle,tant tiennent ilz les piedz en la foſſe,&
l'Ame en la peine d'Enfer.Et pourtāt faict Gregoire fus celà
que dict Iob,Mes iours font paffez plus legierement,que la
toille n'eft couppée du tifferand, dict:qu'il n'eft riens a quoy
moins penfent les hōmes.Car encores que la Mort les tienne
par le collet,Ilz ne la croyent fus eulx aduenir.Ainfi par ces
vaines & fantaftiques illufions mondaines l'hōme preuenu
ne peult entendre a fon falut. Et le fouuerain remede pour
cecy eft de penfer entērifuemēt,& auec lōgue paufe le diuin
logis,c'eft afcauoir la Mort,par la foſſe & obfcure maifon.
De là cōgnoiſtra lon que vault la pōpe du mōde,fa gloire,
fa richeſſe,& fes delices.Et qui defprifera & mefcongnoiſtra
toutes ces chofes,cōgnoiſtra Dieu. Ainfi en print il au bon   J.Reg:19.
Helie,qui demeura a la porte de la foſſe obferuāt,&fpeculāt.
Et premieremēt paſſa vng vent brifant pierres,& là n'eftoit
noftre Seigneur.Secōdemēt paſſa vne cōmotion de terre,&
là n'eftoit noftre Seigūr. Tiercemēt paſſa le feu,& la n'eftoit
noftre Seigūr.Quartemēt paſſa vng fiflet d'une doulce aure,
& auec elle eftoit noftre Seigneur.Et Helias veit le feigneur,
& ilz ont parlé enfemble DIEV & Helie. Or pour parler
a noftre propos par Helie, qui eft dict voyant, eft defigné
vng prouide Chreftien,qui fe cōgnoiſſant mortel touſiours
fpecule a la Mort.Et pource q̃ fon terme eft incertain,il fe

diſpoſe touſiours pour la recepuoir, comme ſi a toute heure elle debuoit a luy venir. Et a vng ainſi diſpoſe la Mort ne peult amener perturbation. Pourtant diſoit Seneque. Nul de nous ne ſcait combien ſon terme eſt pres. Ainſi donc formons noſtre couraige, cõme ſi lon eſtoit venu a l'extremité. Car nul ne recoit la Mort ioyeuſement ſinon celluy, qui ſ'y eſt preparé a la recepuoir au parauãt par lõgue ſpeculation. Et ſi ainſi nous nous preparons de bonne heure, il n'eſt vent d'orgueil ne tremblement de terre par ire eſmeue, ne feu de couuoitiſe, qui nous puiſſe dommager. Mais pour le dernier on verra la doulce allaine de la ſuauité de ſaincte eſcripture là ou Dieu parlera ſalutaires documentz, par leſquelz apperteinent on verra ce qu'eſt a fuyr, & ce qu'on doibt ſuyure, ſans ce que les plaiſirs tranſitoires puiſſent les yeulx de la penſee eſtre aueuglee par aulcune diſgregation. Dieu nous doint la grace a tous de ſi bien a ces faces de Mort penſer, & ſi intentiuement les mirer & aduiſer, que quand la Mort par le vouloir de Dieu nous viendra prendre, que aſſeurez de celluy, qui d'elle à triumphé, nous puiſſions ainſi triumpher d'elle, que par le merite de ce triumphãt Chariot de la Croix puiſſions paruenir en celle vie, ou la Mort n'à plus puiſſance ne vertu.   Amen.

Laus Deo.

Les diuerses Mors

DES BONS, ET DES
mauluais du uiel,& nouueau Testament.

Vltre les funebres figures de Mort, tant ef=
frayeufes aux mauluais, auec le pinceau de
l'efcripture ferôt icy reprefentées les Mortz
des iuftes, & iniques, a l'imitatiõ de Lucian,
qui en fon dialogue des imaiges diƈt, Que
pour depeindre vne parfaiƈte beaulté de
femme, ne fault que reuocquer deuant les
yeulx de la memoire les particulieres beaultez d'ung chafcun
membre feminin cà, & là, par les excellentz peinƈtres antique
ment pourtraiƈtes. Semblablement en ce petit tableau feront
tracées toutes les belles, & laides Mortz de la Bible, defqlles
les leƈtrez en pourrôt cõprendre hiftoires dignes d'eftre aux
illiterez cõiquées, Le tout a la gloire de celluy, qui permet a
la Mort dominer fus tous viuãs, ainfi qu'il luy plaift, & quãd
il veult.

Figure de la Mort en general.

Ource que vraye eft la fentence de Dieu, par la Gene.2.
quelle il diƈt a l'hõme, En qlconque heure q̃ vous
mangerez d'icelluy, c'eft a dire du defendu fruiƈt,
vous mourrez. Il eft certain que incõtinent apres
le peché l'homme meurt. Donc l'homme viuant quafi conti=

K

nuellement meurt, felon fainct Auguftin en fon.xiiij.de la Cité de Dieu.

Comme ainfi foit, que par tant d'ans ayent vefcu deuant le deluge les hommes, fignaument l'efcripture apres la defcription du temps de leur vie dict, Et il eft mort.

Si noz anciens Peres craignoiët la Mort, & defiroient longue vie, il n'eftoit de merueille. Car ilz ne pouuoient encor môter au Ciel, ne iouir de la diuine vifion iufques a ce, que le Saulueur eft venu, qui ouurit la porte de Paradis. Parquoy le bon Loth, admonnefté de l'Ange, quil fe fauluaft en la môntaigne, craignit y aller, affin q̃ par aduëture le mal ne le print & y mourut là.

Mort des iuftes, dict Balaam.

Auffi les mauluais defirent mourir. Meure mon ame de là Iacoit ce que Moyfe ne voullift obeir au cômandemët de Dieu, qui vouloit, qu'il paffaft le Iourdain, toutesfois on veoit affez que liberallement il euft plus vefcu, fi Dieu euft voulu. Parquoy il dict, Le feigneur eft ire côtre moy, voicy ie meurs en cefte terre, ie ne palleray le Iourdain.

La plus grand part du guerdon de la Loy Mofaique fembloit eftre conftituée en la longueur de vie: Car il eft efcript, Mettez voz cueurs en toutes les parolles que ie vous teftifie, affin que les faifant, perfeueriez long temps en terre a la quelle vous entrerez pour la poffeder.

Myeulx aymerent Zebée, & Salmana, eftre tuez de la main de Gedeon vaillant hôme, que de la main de Iether fon filz.

Lors q̃ Elias eftoit affis foubz vng Geneurier, il demãda a fon ame, qu'il mouruft, difant. Il me fouffit mon Seigneur, ofte mon ame.

Ezechias roy de Iudée chemina deuant le Seigneur en vo

Gene.5.

Gene.19.

Nu.n.23.

Deute.4.

Deut.22.

Iudi.8.

3.Reg.19.

Ifaix.38.

rité,& fut bon. Touteffois quãd il luy fut annuncé par Efaie,
qu'il debuoit mourir,Il pria le feigneur par vng grãd pleur,
affin qu'encores il luy prolongeaft la vie.

Thobie prouocque,auoir ouye la refponce de fa femme
foufpira,& cõmenca a prier auec lhermes,difant.Tu es iufte Thobi.z.
Seignr,cõmãde mõ ame eftre en paix receue,car il m'eft plus
expediẽt mourir q̃ viure.Et puis il fenfuyt au Chapitre IIII.
quãd il pẽfa fon oraifon eftre exaulcée,il appella fon filz &c.

Sarra fille de Raguel,auoir receu d'une des chamberieres
griefue iniure,pria le Seigneur,& dict entre aultres chofes. Thobi.z.
Ie requiers Seigneur,que du lien de ce impropere tu m'abfol
ues,ou certes,que tu m'oftes de deffus la terre.

Deuant le roy Sedechias offrit Hieremie fes prieres,affin
qu'il ne le ruaft,ce qu'il cõmandaft le remettre en fa prifon,en Hiere.ʒ.
laqlle il eftoit au parauãt:affin qu'il ne mouruft,par la Mort
de la Croix,laquelle le Saulueur voulut fouftenir,monftra
manifeftement,que nõn feullemẽt vouloit mourir,Mais vng
chafcun genre de Mort debuoir eftre fouffert d'ung homme
iufte pour obeir a la diuine voulenté.

Deuant l'aduenement du fainct Efperit trop craignirent
la Mort les apoftres:qui,eftre pris leur Seigneur,le laifferent Mat.zƒ.
tous:mais apres ce qu'ilz furent par la vertu d'enhault ro
borez,& cõfirmez,menez deuant les princes,& Tyrans par
loient fiduciallement.

Peu craignoit mais point ne craignoit la Mort,fãict Paul, Actu. per
qui difoit,n'eftre feullemẽt appareille a eftre lyé,mais auffi de totum.
mourir pour le nom du feigneur Iefus.

Et luymefmes en aultre lieu dict.Sil eft notoire aux Iuifz,
ou que i'ay faict quelque chofe digne de Mort,ie ne recufe Actu.zz.
mourir.Toutesfoys il fault noter,que plufieurs fois euitãt les

K iij

embufches des Iuifz,qu'il fuyoit de Cité en Cité,non pour
crainte de Mort,mais faifant place a la fureur des mauluais fe
referuoit vtile a plufieurs.

De l'horrible Mort des mauluais,defcription
depeincte felon la faincte Efcripture.

Gene.4.

Ain,qui tua fon frere,fut occis par Lamech.

Gene.14.
Noftre feigneur enuoya pluye de foulphre,&
de feu fus Sodome,& fubuertit cinq Citez puan
tes d'ung deteftable peché.

Gene.14.
Sichen filz d'Emor,qui oppreffa Dyna fille de Iacob,fut
tué des filz de Iacob,& tout le peuple de la Cité.

Exo.14.
Leaue de la mer rouge fubmergea les chariotz,& tout
l'equippaige,gefdarmes,& l'exercite de Pharaon,& n'en de
meura pas vng.Et certes bien iuftemét.Pource qu'il failloit,
que le corps fut noye de celluy,duquel le cueur ne pouuoit
eftre amolly.

Leui.10.
Nadab,&Abihu filz de Aaron offrans l'eftrãge feu deuãt
Dieu ont efté deuorez du feu du feigneur,& font mortz.

Leui.24.
Par le commandement de noftre Seigneur les filz d'Ifrael
menerent hors de leur exercite le blafphemateur,& laffom
merent de pierres.

Num. 16.
Choré,Dathan,& Abyron,& leurs complices rebellans a
Moyfe defcendirent vifz en Enfer,engloutiz de la terre.

Ibidem.
Les aultres murmurans,& commettans diuers pechez,
moururent de diuerfes mortz au defert:tellemét que de fept
cens mille hommes bataillans,deux feullement entrerent en
la terre de promiffion.

Iofue.7.
Pource q̃ Acham emporta furtiuemét des trefors offertz

en Iherico,tout le peuple d,Ifrael le lapida,& par feu cõfuma tout ce,que luy appartenoit.

Iahel femme d'Abercinée emporta le clou du Tabernacle, **Iudi.4.** & le ficha au cerueau de Sifare,qui accõpaignant le fommeil a la Mort,deffaillir,& mourut.

Si Zebée & Salmana euffent gardé les freres de Gedeon, **Iudi.8.** Gedeon leur eut pardonné. Et pource qu'ilz les tuerent,ilz furent occis par Gedeon.

Les filz d,Ifrael prindrent Adonibefech,auoir couppé les **Iudi.1.** fummitez & boutz de fes mains(ainfi qu'il auoit faict a feptante Roys)l'amenerent en Ierufalem,& là il eft mort.

Vne femme gectant fus la tefte d'Abimelech vne piece **Iudi.9.** d'une meulle luy froiffa le cerueau,lequel appella fon gendarme,& commenda qu'il le tuaft. Et noftre Seigneur luy rendit le mal qu'il auoit faict,mectant a mort feptante fiens freres.

Quand Hely ouyt larche du Seigneur Dieu eftre prinfe,il **1.Reg.4.** tomba de fa felle a lenuers,iouxte la porte,& feftre rompu le cerueau mourut.

Dauid ieune gars tout defarmé,& n'ayant l'ufaige des armes:affaillit le fuperbe,& blafphemateur Goliath, & le tua **1.Reg.17.** de fon propre coufteau.

Saul par ie ne fcay quelle enuie efmeu perfecuta Dauid.A **1.Reg.31.** la fin,print fon coufteau,& fe iectant fus icelluy fe tua.

Le premier filz de Dauid viola fa feur Thamar , & peu **2.Reg.13.** apres fut tué par le cõmandement d'Abfalon fon frere ainfi qu'il banquetoit auec luy.

Par la couuoitife de dominer fort affligea Abfalõ fon pere **2.Reg.18.** Dauid.Mais deuant qu'il paruint a fon propos il fut pendu entre le Ciel & la Terre.

DE LA MORT

2.Re.17. Voyāt Achitophel q̃ son cōseil ne fut accepté qu'il auoit donné contre Dauid, s'en alla en sa maison, & mourut au Gibet.

2.Re.20. Seba filz de Bochri cōcita le peuple cōtre Dauid en la cité d'Abela, Là ou il pensoit auoit refuge & ayde, fut decapité.

2.Reg.1. Ladolescēt, qui se vanta auoir tué Saul, par le cōmādemēt de Dauid, fut tué quād il luy pēsoit annūcer chose agreable.

2.Reg.4. Le semblable aduint a deux larrōs, qui apporterēt la teste de Isboseth filz de Saul.

3.Reg.2. Combien que Ioab fut vng noble cheualier, toutesfois pource qu'il occist deux hommes en trahison fut commande d'estre tué par Salomon.

3.Reg.22. Achab blesse en la guerre mourut au vespre, & les chiens lescherent son sang, en ce mesme lieu, auquel ilz lescherent le sang Naboth, qui fut lapidé se dissimulant Achab, qui le pouuoit, & debuoit sauluer.

3.Reg.16. Vng aultre mauluais roy Ela regnoit en Iudée tyranniquement cōtre lequel se rebella Zambri, & tua son seigneur, lequel Zambri puis mourut miserablement.

4.Reg.2. Quand Helisée monta en la Cité de Bethel, q̃lques enfans mal instruictz se mocquoiēt de luy, alors sortirēt deux Ours, & dessirerent quarante deux de ces enfans.

4.reg.7. Lung des deux, qui estoit auec le roy d'Israel ne voulut croyre aux parolles de Helisée predisant la future habōdāce, au lendemain, le suffoca la turbe des hommes courante aux despoullies, & là il mourut.

4.Reg.8. Benedab roy de Syrie, qui feit moult de maulx aux enfans d'Israel, fut a la fin de son filz Asahel occis.

4.reg.9. Voyant Iehu la mauluaise Iesabel, qui auoit esté cause de plusieurs maulx, cōmenda qu'elle fust precipitée en bas, & fut tellement conculquée, de la foulle des cheuaulx, que combien qu'elle fut filse de Roy, ne fut ensepuelie:& neresta que le test de la teste.

Athalie mere de Ochosie tua toute la semence Royalle. Affin qu'elle peut regner sus le peuple. Et puis apres elle fut tuee villainement par le commandement de Ioiades prebstre. *4.reg. 11.*

Le roy Ioas mauluais,& ingrat, qui feit lapider cruellement Zacharie filz du prebstre Ioiades fut en apres occis des siens. *4.reg. 12.*

Sennacherib roy des Assiriens tresorguilleux, & au Dieu du Ciel blasphemateur apres que de la terre de Iudee confusement s'en fut fuy, fut tué par ses enfans. *4.reg. 19.*

Sedechias roy de Iudee mauluais vers Dieu, & vers les hômes, fut pris en fuyant, deuant les yeulx duquel le Roy de Babylone feit tuer ses propres enfans. Apres on luy creua les yeulx, & fut mene en Babylone, & la mourut miserablement. *4.reg. ult.*

Holofernes print, & destruit plusieurs pais, finablement dormant enyuré par les mains d'une femme fut decapité. *Iudi.13.*

Le tres superbe Aman, qui se faisoit adorer des hommes, fut pendu au Gibet, qu'il auoit preparé a Mardochée. *Hester. 7.*

Balthasar roy de Babylone ne fut corrigé par l'exemple de Nabuchodonosor son pere, qui deuât luy auoit esté mué en beste, & au conuiue veit l'escripture en la muraille. Mane, Thethel, Phares. Et celle nuict il fut tué,& son Royaulme translate aux Medes, & a ceulx de Perse. *Dani.5.*

Les accusateurs de Daniel par le cômandemêt de Darius roy de Perse furent mys au lac des Lyons, le semblable aduint au c. XIIII. *Dani. 6.*

DE LA MORT

Mach.1. Puis que Alexandre tomba au lict on dict qu'il congneut qu'il debuoit mourir, quasi comme si au parauant il nauoit congnoissance de Mort, ou la memoire d'icelle.

1.Mach.9 Alchimus traistre fut frappé, & impotent de Paralisie, ne plus il ne peult parler, ne le mander a sa maison. Et mourut auec vng grand torment.

2.mach.4. Contristé le roy Antiochus de ce, que Andronique auoit tué iniustemēt Onias souuerain Prebstre, cōmanda Andronique estre tué au mesme lieu, auquel il auoit commis trop grande impieté.

2.mach.7. Plusieurs sacrileges commis au temple par Lysimachus, fut assemblée vne grande multitude de peuple contre luy, & au pres du Tresor ilz le tuerent.

2.mach.9. Antiochus, qui auoit oppressé les entrailles de plusieurs, souffrant dures douleurs des entrailles par miserable Mort, mourut en la montaigne.

2.mach.5. Iason meschāt qui auoit captiué son propre frere, & auoit banny plusieurs gens de son pais, mourut en exil, & demeura sans estre plainct, ne ensepuely.

Menelaus malicieusement obtint en peu de temps la principaulté, mais tost fut precipité, d'une haulte tour, en vng monceau de cendres.

Lucæ.12. C'est hōme riche, le champ duquel auoit produict habondance de fruict, quand il pensoit destruire ses greniers pour en faire de plus amples, croyoit de plus viure, ce qu'il ne feit. Car il luy fut dict par nostre Seigneur, Sot ceste nuict tu periras.

Lucæ.16. Fort terrible est l'exemple de ce famé mauluais riche, qui tant banquetoit, lequel mourut, & fut ensepuely en Enfer.

Actui.5. Ananias & sa femme Saphira, pource qu'ilz defrauderent du pris du pris de leur champ vendu, moururent terriblement par la reprehension de sainct Pierre.

Herodes assis au tribunal, & vestu d'habitz royaulx, preschoit au peuple, Et le peuple escrioit les voix de Dieu, & non des hommes. Alors tout incontinent, l'Ange du Seigneur, le frappa. Pour ce qu'il n'auoit baille l'honneur a Dieu. Et consume des vers, expira miserablement. **Act. 12.**

Aultre depeincte description, de la precieuse Mort des Iustes.

Vand Abel & Cain estoiēt au champ. Cain se leua contre Abel & le tua. Et a cause, cōme on en rend la raison, que ses oeuures estoient maulvaises, & celles de son frere iustes. **Gene. 4.**

Enoch chemina auec Dieu, & napparut. Car Dieu l'emporta. **Gene. 5.**

Abraham est mort en bonne vieillesse, & de grand eage, remply de iours, & fut congrege a son peuple. **Ge. 25.**

Les iours de Isaac sont accomplis cent octante ans, & consimé d'eage est mort, & mys au deuant de son peuple vieil, & plein de iours. **Gene. 35.**

Quand Ioseph eut adiuré ses freres, & qu'il leur eut dict, Emportez auec vous mes ossemens de ce lieu &c. Il mourut. **Gene. 50.**

Moyse, & Aaron par le commandement de Dieu monterent en la montaigne Hor, deuāt toute la multitude, & quād Aaron se fut despouille de tous ses vestemens, il en reuestit Eleazare, & la mourut Aaron. **Num. 20.**

Moyse le seruiteur de Dieu est mort en la terrae de Moab, le commandant le Seigneur, & le Seigneur l'ensepuelit. Et **Deut. 34.**

L

nul hôme n'a côgneu son sepulchre iusques a ce present iour.

Dauid, apres l'instruction de son filz Salomon, & l'oraison qu'il feit au Seigneur pour luy, & pour tout le Peuple, mourut en bonne vieillesse plein de iours, de richesse, & de gloire.

3.Par.29.

Quand Helisee, & Helie cheminoiēt ensemble, voicy vng chariot ardāt, & les cheuaulx de feu, diuiserēt lung & l'aultre. Et Helie monta au Ciel en fulguration.

4.Reg.2.

L'esprit de Dieu vestit Zacharie filz de Ioiade, & dict au peuple. Pourquoy trāspassez vous le cōmandement du Seigneur? Ce que ne vous prouffitera. Lesqlz congregez encontre luy getterent des pierres, iouxte le cōmandement du Roy & il fut tué.

2.Par.24.

Thobie a l'heure de la Mort appella Thobie sō filz, & sept ieuues ses nepueux, & leur dict. Pres est ma fin. Et vng peu apres est dict de son filz. Auoir acomply huictante neuf ans, en la crainate du Seigneur auec ioye, l'ensepuelirent auec toute sa lignée &c.

Thob.14.

Iob vesquit apres les flagellations cent quarāte ans, & veit les filz de ses filz iusques a la quarte generation, & il est mort, vieil, & plein de iours.

Iob.ulti.

Dauid ne voulut plourer pour son filz innocent mort, qu'il auoit plouré quād il estoit malade. Mais il ploura beaucoup pour le fratricide, & patricide Absalon pendu.

2.Reg.12. & 17.

Apres l'instruction, & confort de ses enfans, Mathatias les beneist, & trespassa, & fut mis auec ses Peres.

1.Mac.2.

Voyant Iudas Machabee la multitude de ses ennemys, & la paucité des siens, dict. Si nostre temps est approché, mourrons en vertu pour noz freres.

1.Mac.9.

Eleazare, apres plusieurs tormēs a luy baillez, trespassa de ceste vie, laissant a tout le Peuple grand memoire de sa vertu

2.Mac.6.

& fortitude.

Ces sept freres auec leur piteuse Mere feirent vne admirable fin, par louable moyen, Et se peuuent là noter plusieurs exemples de vertu. 2.Mac.7.

Pour la verité & honnesteté de mariage. S. Iehan Baptiste fut decollé par Herodes Tetrarche. Marc.

De ce renommé pouure Ladre est escript, que là mediant mourut, & qu'il fut porté des Anges au seing d'Abraham. Luc.16.

Comment qu'aye vescu ce larron, auquel Iesuchrist pendant, dict, Au iourd'huy seras auec moy en Paradis, il mourut heureusement.

Quand le benoist Estienne estoit lapidé, il inuoquoit le Seigneur Dieu, & disoit. Seigneur Iesus, recoy mon esprit. Et s'estre mis a genoulx, escria a haulte voix, Seigneur, ne leur repute cecy a peché &c. Et quand il eut ce dict. Il dormit en nostre Seigneur, a laquelle Mort faisons la nostre semblable. Act.7.8.

Et nostre saulueur Iesuchrist, qui selon sainct Augustin, au quart de trini. par sa singuliere Mort à destruict la nostre double Mort. Lequel, comme il dict apres au. XIIII. de la cité de Dieu, donna tant de grace de foy, que de la Mort (qui est contraire a la vie) fut faict instrument, par lequel on passeroit a la vie. Laquelle nous concede le vray autheur de salut eternelle, Qui est voye, verité, & vie. Qui à de la vie, & de la Mort, l'empire. Qui auec le Pere, & le sainct Esprit vit & regne Dieu par siecles interminables.
Amen.

Description des sepulchres des
Iustes.

L ij

Vec grande diligēce achepta Abrahā le champ, auquel il enfepuelit fa femme quād elle fut morte. Iacob ne voulut eftre enfepuely auec les maul uais hommes en Egypte, mais abiura Iofeph, que quand il feroit mort, qu'on le portaft au fepulchre de fes Peres, ce que Iofeph accomplit auec grande folicitude.

Sortant Moyfe d'Egypte, emporta les offemēs de Iofeph auec foy.

Dauid loua fort les hōes L'abes Galaad, pource q̄ les corps de Saul, & de fes filz auoiēt efté reuerāmēt enfepueliz p eulx.

La peine de celluy, qui auoit mangé le pain en la maifon du mauluais Prophete cōtre le cōmādemēt de Dieu, fut cefte feulle, qu'il ne fut enfepuely au fepulchre de fes Peres.

Iehu Roy d'Ifrael, qui feit tuer Iefabel, la feit enfepuelir: pource qu'elle eftoit fille du Roy.

Loue eft Thobie, de ce, que auec le peril de fa vie les corps des occis il emportoit, & foliciteufement leur donnoit fepulture.

La premiere admonitiō entre celles falubres, que feit Thobie a fon filz, fut de fa fepulture, & de celle de fa femme.

Les Iuifz accufateurs du mefchant Menelaus furent par l'inique Iuge condamnez a mort. Parquoy les Tyriens indignez de ce liberallement leur preparerent fepulture.

Apres la guerre contre Gorgias cōmife, vint Iudas Machabee pour recueillir les corps des mortz, & les enfepuelir auec leurs parentz.

Les difciples de fainct Iehan Baptifte ouyans qu'il auoit efté decollé par Herodes, vindrent, & prindrent fon corps, & l'enfepuelirent.

Il appert que noftre Seigneur a eu cure de fa fepulture,

Gene. 23.

Gene. 47 & 49.

Exod. 13.

1. regū. 31. 2 reg. 1.

3. reg. 13.

4. reg. 9.

Thob. 1. 2

Thob. 4.

2. Mac. 4.

2. mac. 12.

Matt. 14. Mar. 6.

Ioan. 12.

par ce qu'il refpondit a Iudas murmurant de l'oignement
qui felon luy, debuoit eftre vendu, Laiffe (dict il) affin que au
iour de ma fepulture, elle le garde.

Noftre Seigneur fut enfepuely par Iofeph, & Nicodéme
au fepulchre neuf taillé, auquel nul n'auoit encores efté mys.

Les hômes craintifz eurent cure de fainct Eftienne lapidé
des Iuifz, & feirent vng grand plainct fus luy.

Matt.27.
Mar.15.
Luc.23.
Ioan.20.

A.A.8.

MEMORABLES AVTHO,
ritez, & fentences des Philofophes, &
orateurs Payês pour côfermer
les uiuans a nô craindre:
la Mort.

Riftote dict vers le fleuue appellé Hypanin, qui
de la ptie d'Europe derriue en la mer, certaines
beftioles naiftre, qui ne viuent qu'ung iour tât
feullement. Et celle qui meurt fur les huict heures de matin, eft dônc dicte morte de bon eage:
& celle, qui meurt a Midy eft morte en vieilleffe. L'aultre, qui
deuant fa Mort veoit le Soleil coucher, eft decrepitée. Mais
tout cela comparaige a noftre treflong eage, auec l'eternité,
nous ferons trouuez quafi en celle mefme breuité de temps,
en laqlle viuent ces beftiolles. Et pourtât quâd nous voyons
mourir quelque ieune perfonne, il fault pêfer qu'il meurt de
matin. Puis quand vng de quarante, ou cinquâte ans meurt,
penfons que c'eft a midy. Et que tantoft viêdra le vefpre qu'il

L iij

nous fauldra a la fin aller coucher pour dormir, comme les
aultres:& que quãd l'heure fera venue de ce foir que peu ou
riens aurons d'auantaige,d'eftre demeurez apres celluy,qui
f'en eft allé a huict heures,ou a Midy,puifque a la fin du iour
il nous fault auffi là paffer. Parpuoy difoit Cicero,& difoit
bien. Tu as le fommeil pour imaige de la Mort, & tous les
iours tu ten reueftz.Et fi doubtes,f'il y à nul fentiment a la
Mort,combien que tu voyes qu'en fon fimulachre il n'y à
nul fentimēt. Et dict apres que Alcidamus vng Rheteur antique efcripuit les louanges de la Mort,en lefquelles eftoient
cõtenuz les nombres des maulx des humains,& ce pour leur
faire defirer la Mort. Car fi le dernier iour n'amaine extinction, mais commutation de lieu, Queft'il plus a defirer? Et
f'il eftainct & efface tout,Queft il rien meilleur,que de f'endormir au millieu des labeurs de cefte vie,& ainfi fe repofer
en vng fempiternel fommeil.Certes nature ne faict riens temerairement : mais determine toutes chofes a quelque fin.
Elle n'a donc produict l'homme, affin apres auoir fouffert
icy plufieurs trauaulx,elle l'enferme en la mifere de perpetuelle Mort:mais affin qu'apres vne longue nauigation elle
le conduife a vne paifible demeure,& a vng tranfquille port,
Parquoy ceulx qui par vieilleffe ou par maladie,font plus
pres de la mort,font d'autant plus heureux que les ieunes &
fains,comme ceulx qui auoir trauerfe plufieurs mers,& vndoyantes flottes de mer,arriuēt au port auec plus grãd aife,
que les encores cõmenceans a efprouuer les perilleux dãgiers
de la longue nauigation n'agueres accommencée.Et ne fault
craindre qu'a ce port,& point de la Mort,ait aulcũ mal. Car
mefmes c'eft la fin de tous maulx, qui fe fouffre & paffe en
vng moment d'oeil. Et pourtant , tefmoing le mefme Ci

cero,on lict que Cleobole,& Biton furent filz d'une renom=
mée dame,laquelle eftoit preftreffe de la Deeffe Iuno,& ad
uenant le iour de la grande folennité de celle Deeffe,lefdictz
enfans appareillerent vng chariot,auquel ilz vouloiët mener
au temple la Preftreffe leur mere.Car là couftume des Grecz
eftoit,que toutesfoys que les Preftres debuoient offrir folen=
nelz facrifices,ou ilz debuoient eftre portez des gens,ou fur
chariotz,tant prifoient ilz leurs preftres,que filz euffent mys
le pied a terre,de tout le iour ne côfentoyent quilz euffent
offert aukun facrifice. Aduint en apres,que celle Preftreffe
cheminant fur le chariot,que les cheuaulx,qui le côduifoient
tomberent mortz foubdainement au millieu du chemin,&
loing du temple bien dix mille.Ce voyant fes enfans,& que
leur Mere ne pouuoit aller a pied,& q̃ le chariot ne pouuoit
eftre mené par nul aultre beftial(Car là n'en auoit point)ilz
determinerent de fe mettre au lieu des cheuaulx,& de tirer le
chariot,comme filz fuffent beftes,tellemët que tout ainfi que
leur Mere les porta neuf moys en fon ventre,Semblablemët
ilz la porterent en ce chariot,par le pays iufques au temple,
ce que voyant la grande multitude du peuple,qui venoit a
cefte folennité,fen efmerueillerët grandement.Et difoient ces
ieunes enfans eftre dignes dung grand guerdon. Et en verité
ilz le meritoient.Apres que celle fefte fut acheuée,ne faichant
la Mere auec quoy ratisfaire a fes enfans d'ũg fi grãd merite,
Pria la Deeffe Iuno,qu'il luy pleuft donner a ces enfans la
meilleure chofe que les Dieux peuuent donner a leurs chers
amys.Ce que la Deeffe luy accorda voulentiers pour vne fi
Heroique oeuure.Parquoy elle feit que lefdictz enfans f'en=
dormirent fains,& au lendemain on les trouua mortz.Puis
de cecy a la complaignãte Mere dict Iuno.Reallegre toy.Car

la plus grande vengeance que les Dieux peuuent prendre de
leurs ennemys, c'eſt de les faire longuement viure. Et le plus
grand bien duquel fauoriſons noz amys, c'eſt de les faire toſt
mourir. Les autheurs de ceſte hiſtoire ſont Hizenarque en ſa
Politique, & Cicero au p̃mier de la Tuſculane. Le ſemblable
en print a Triphone, & Agamendo. Leſquelz pour auoir
r'edifie ce ruynant temple d'Apollo, qui en liſle de Delphos
eſtoit tant ſolénel, auoir requis audict Apollo pour leur guer
don, la choſe meilleure de laquelle les humains ont beſoing,
les feit ſoubdainement mourir tous deux au ſortir de ſoup-
per a lentrée dudict temple. I'ay voulentiers amené ces deux
exemples, affin que tous les mortelz congnoiſſent qu'il n'y a
bon eſtat en ceſte vie, ſinon quand il eſt paracheué. Et ſi la fin
de viure n'eſt ſauoreuſe, au moins elle eſt moult prouffitable.
Pourtant ne ſ'en fault douloir, plaindre ne craindre la Mort.
Tout ainſi qu'ung viateur ſeroit grandement imprudent, ſi
cheminãt en ſuant par le chemin, ſe mettoit a chanter, & puis
pour auoir acheué ſa iournée, cõmenceoit a plorer. Pareille
follie feroit vng nauigant, ſil eſtoit marry d'eſtre arriué au
port:ou celluy qui dõne la bataille, & ſouſpire par la victoire
par luy obtenue. Donc trop plus eſt imprudẽt & fol celluy,
qui cheminant pour aller a la Mort, luy faſche de l'auoir ren-
cõtree. Car la Mort eſt le veritable reffuge, la ſanté parfaicte,
le port aſſeure, la victoire entiere, la chair ſans os, le poiſſon
ſans eſpine, le grain ſans paille. Finablement apres la Mort
n'auons pourquoy plourer, ne riens moins a deſirer. Au tẽps
de l'Empereur Adrian mourut vne Dame fort noble, parẽte
de l'Empereur, a la Mort de laquelle vng Philoſophe feit vne
oraiſon, en laq̃lle il dict pluſieurs maulx de la vie, & pluſieurs
biens de la Mort. Et ainſi que l'Empereur l'interrogua, quelle
choſe

chose estoit la Mort. Respondit. La Mort est vng eternel
sommeil, vne dissolution du Corps, vng espouuëtement des
riches, vng desir des pouures, vng cas ineuitable, vng peleri=
naige incertain, vng larron des homes, vne Mere du dormir,
vne vmbre de vie, vng separement des viuans, vne compai=
gnie des Mortz. Finablement la Mort est vng bourreau des
mauluais, & vng souuerain guerdon des bons. Ausquelles
bonnes perolles deburoit on continuellement penser. Car si
vne goutiere d'eaue penetre par côtinuatiô vne dure pierre,
aussi par continuelle meditation de la Mort il n'est si dur, qui
ne s'amolisse. Seneque en vne epistre racompte d'ung Philo=
sophe, auquel quand on luy demanda, quel mal auoit en la
Mort que les hommes craignoiêt tant. Respondit. Si aulcun
dommaige, ou mal, se trouue en celluy, qui meurt, n'est de la
propriete de la mort: mais du vice de celluy, qui se meurt.
Semblablemêt nous pouuons dire, qu'ainsi comme le sourd
ne peult iuger des parolles, ne l'aueugle des couleurs, tãt peu
peult celluy, qui iamais ne gousta la Mort, dire mal de la
Mort. Car de tous ceulx, qui sont mortz, nul ne se plainct de
la Mort, & de ceulx qui sont viuans, tous se plaignent de la
vie. Si aulcun des mortz tournoit par deça parler auec les
viuans, & comme qui l'a experimenté, nous disoit s'il y a
aulcu mal en la Mort, ce seroit raison d'en auoir aulcû espou=
uentement. Pourtant si vng homme, qui n'ouyt, ne veit, ne
sentit, ne gousta iamais la Mort, nous dict mal de la Mort,
pour cela, debuons nous auoir horreur d'elle? Quelque grãd
mal doibuêt auoir faict en la vie ceulx, qui craignêt, & disent
mal de la Mort. Car en celle derniere heure, & en ce extresme
iugement, c'est là, ou les bons sont congneuz, & les mauluais
descouuertz. Il n'y à Roys, Empereurs, Prices, Cheualiers, ne
riches, ne pouures, ne sains, ne malades, ne heureux, ne infor=

M

tunez,ne ie ne veoy nul qui viue en son estat content,fors
ceulx,qui sont mortz:qui en leurs sepulchres sont en paix,&
en repos paisiblement,là,ou ilz ne sont auaricieux,couuoi-
teux,superbes ne subiectz a aulcuns vices, en sorte,que lestat
des mortz doibt estre le plus asseure,puis qu'en c'est estat ne
voyös aulcü mescötētemēt.Apſ ceulx,qui sot.pouures,cher-
chēt pour senrichir.Les tristes pour se resiouir.Les malades
pour auoir santé.Mais ceulx,qui ont de la Mort tāt de crainte,ne cherchent aulcun remede pour n'en auoir peur.Par
quoy ie cöseillerois sus cecy que lon s'occupast a bien viure,
pour non craindre tant la Mort.Car la vie innocente faict la
Mort asseuree.Interroguè le diuin Platon de Socrates,cöme
il s'estoit porté auec la vie,& cöme il se porteroit en la Mort.
Respondit. Scaches Socrates, qu'en ma ieunesse trauaillay
pour bien viure,& en la vieillesse taschay a bien mourir.Et
ainsi que la vie a esté honneste,iespere la Mort auec grand al-
legresse,& ne tiens peine a viure,ne tiendray craincte a mou-
rir.Telles parolles furēt pour certain dignes dung tel hôme.
Fort sont courroussez les gens quand ilz ont beaucoup tra-
uaillé,& on ne leur paye leur sueur.Quand ilz sont fidelles,
& on ne correspond a leur loyaulté,quand a leurs grans ser-
uices les amys sont ingratz. O biēheureux ceulx qui meurēt,
ausquelz telles defortunes ne sont aduenues,& qui sont en la
sepulture sans ces remortz.Car en ce diuin tribunal se garde
a tous tant esgallemēt la iustice,que au mesme lieu,que nous
meritons en la vie,en icelluy sommes colloquez apres la
Mort.Iamais n'y eut,ne à,n'y aura Iuge tant iuste,que rendie
le guerdon par poix,& la peine par mesure. Car aulcunefois
sont pugnis les Innocentz,& absoulz les coulpables.Mais il
n'est ainsi en la Mort.Car chascū se doibt tenir pour certain,
que si lon a la bon droict que lon ohtiendra sentence a son
prouffit.Plutharque en ses Apothegmates recite,q̄ au tēps
que le grand Caton estoit censeur a Rome,mourut vng re-

nommé Romain, lequel monstra a sa mort vne grande fortitude & constance: & ainsi que les aultres le louoient de son
immuable & intrepide cueur, & des constantes parolles, qu'il
disoit trauaillant a la Mort. Cato Censorin s'en rioit de ceulx,
qui tant louoient ce mort, qui tant estoit asseuré, & qui pre-
noit si bien la Mort en gré, leur disant, Vous vous espouuã-
tez de ce, que ie ris: & ie ris de ce, que vous vous espouuêtez.
Car considerez les trauaulx, & perilz, auec lesquelz passons
ceste miserable vie, & la seurté, & repos auec lesquelz nous
mourons. Ie dy qu'il est besoing de plus grand effort pour
viure, que de hardiesse & grãd couraige pour mourir. Nous
ne pouuons nyer que Caton ne parla fort sagemêt, puis que
nous voyons tous les iours, voire aux personnes vertueuses,
endurer faim, soif, froit, fâscherie, pouurete, calünies, tristesses,
inimitiez, & infortunes. Toutes lesquelles choses vauldroit
mieulx veoir leur fin en vng iour, q̃ de les souffrir a chascune
heure, Car moindre mal est vne mort honeste que vne vie
annuyeuse. O Cõbiê sõt icõsiderez ceulx qui ne pêsent qu'ilz
nont q̃ a mourir vne fois, puis que a la verité, q̃ des le iour q̃
naissons cõmêce nostre Mort, & au dernier iour acheuons de
mourir. Et si la Mort n'est aultre chose, sinon finir la vigueur
de la vie. Raisonnable sera de dire, q̃ nostre enfance mourut,
nostre ieunesse mourut, nostre virilité mourut, & meurt, &
mourra nostre vieillesse. Desquelles raisons pouuons recolli-
ger, que nous mourons chascun an chasque moys, chasque
iour, chasque heure, & chasque momêt. En sorte que pensans
passer la vie seure, La Mort va tousiours en embusche auec
nous. Et ne puis scauoir, pourquoy on s'espouuête si fort de
mourir, puisque des le poinct qu'on vient a naistre, on ne
cherche aultre chose que la Mort. Car on n'eut iamais saulte
de temps pour mourir, ne iamais nul ne sceut errer, ou faillir
de chemin de la Mort. Seneque en vne sienne epistre cõpte:

qu'a vne Romaine plorant son filz qui luy estoit mort fort
ieune, luy dict vng Philosophe. Pourquoy pleures tu? o Dame, ton enfant? Elle luy respondit. Ie pleure, pource qu'il ne
vesquit que quinze ans, & ie desirois quil eut vescu cinquāte.
Car nous meres aymons tant noz enfans, que iamais ne sommes saoulles de les veoir, ne iamais cessons de les plourer.
Alors luy dict ce Philosophe. Dy moy ie te prie Dame. Pour
quoy ne te complains tu des Dieux, pour n'auoir faict naistre
ton filz plusieurs ans au parauant, comme tu te complains,
qu'ilz ne l'ont laisse viure aultre cinquante ans? Tu pleures
qu'il mourut deuant Eage & tu ne plores qu'il nasquit tant
tard. Ie te dy pour vray que si tu ne m'accordes de ne te con-
trister pour l'ung tant peu doibtz tu pleurer pour l'aultre.
A cecy se cōformant Pline disoit, en vne Epistre: que la meilleure loy que les Dieux auoient donné a lhumaine nature,
estoit que nul n'eut la vie perpetuelle. Car auec le desordōne
desir de viure longuement iamais ne, tascherions de sortir de
ceste peine. Disputans deux Philosophes deuant l'Empereur
Theodosien, lung desquelz sesforcoit dire, qu'il estoit bon se
procurer la Mort. Et l'aultre semblablemēt disoit estre chose
necessaire abhorrir la vie. Respondit le bon Theodose. Nous
aultres mortelz sōmes tāt affectiōnez a aymer, & a abhorrir,
que soubz couleur de moult aymer la vie, nous nous dōnōs
fort mauluaise vie. Car nous souffrons tant de choses pour
la conseruer, qu'il vauldroit mieulx aulcune foys la perdre.
Et si dys dauantaige. En telle follie sont venuz plusieurs hommes vains, q̃ aussi par craincte de la Mort procurēt de l'acce-
lerer. Et pensant a cecy, serois d'aduis, que nous n'aymissions
trop la vie, ne qu'auec desespoir ne cherchissions par trop la
Mort. Car les hōmes fors & virilles, ne deburoient abhorrir
de viure tant quilz pourront, ne craindre la Mort quand elle

DES PHILOSOPHES.

leur aduiendra. Tous louerent ce,que dict Theodose: côme
le recite en sa vie Paule Diachre. Or disent tous les Philosophes ce qu'ilz vouldront:que a mon petit iugement il me
semble,que celluy seul recepura la mort sans peine,leql long
temps au parauant se sera appareille pour la receuoir. Car
toutes mortz soubdaines ne sont seullement ameres a ceulx,
qui la goustēt:Mais aussi espouēte ceulx qui en ouyēt parler.
Disoit Lactance,que l'homme doibt viure en telle maniere,
côme s'il debuoit mourir dens vne heure.Car les hômes,qui
tiennent la Mort,ou son imaige deuant les yeulx,est impossible qu'ilz dōnent lieu aux maultuaises pensees. A mon aduis,
& a l'aduis d'Apullie pareille follie est de vouloir fuyr ce,qui
ne se peult euiter,côme de desirer ce,quon ne peult auoir.Et
ie dy cecy pour ceulx qui reffusent le voyage de la Mort,de
qui le chemin est necessaire.Pourtant a le fuyr est impossible.
Ceulx qui ont a faire vng grand chemin,si leur fault quelque
chose par le chemin,ilz emprunrent de leurs compaignons:
& s'ilz oublient quelque chose au logis,ilz escripuent que
lōn le leur enuoye. Pourtāt i'ay dueil de ce,que,puisque vne
foys sommes mortz,qu'on ne nous laisse retourner.Ne nous
ne pourrons parler, & ne nous sera permys d'escripre. Car
telz,quelz nous serōs trouuez,pour telz serons sentētiez. Et
que est plus terrible que tout,c'est que l'xecution,& la sentēce
se donnera tout en vng iour. Parpuoy ie cōseille a tous les
mortelz que nous viuions en telle maniere,qu'a l'heure de la
Mort puissions dire,que nous viuons,non que nous auons
vescu.Car qui n'a bien vescu,il vauldroit mieulx n'auoir eu
vie,qui ne sera pour riens comptée vers Dieu immortel,qui
est immortel,pour apres ceste mortelle vie nous faire immor
telz comme luy,Auquel soit gloire,& honneur au siecle des
siecles.   Amen.

M iij

DE LA NECESSITE

de la Mort qui ne laiſſe riens
eſtre pardura=
ble.

PVIS QVE DE LA Mort auons mõſtre, & les ymaiges, & les admirables & ſalubres effectz, Il fault auſſi pour ceulx, q̃ trop aſſeurez ne la craignẽt & n'en ſont cõpte, bailler q̃lque eſguillõ de la ſiẽne ineuitable fatalite. Dõt ie m'eſbahis cõmẽt il peult eſtre, q̃ la memoire de la Mort ſoit ſi loingtaine de la penſee de pluſieurs, veu qu'il n'ya riens, q̃ iournellemẽt ſe repreſente tant deuãt noz yeulx. Pour le premier les Mortelz ne ſõt ilz appellez de ce vocable de Mort? Parquoy il eſt impoſſible de nous nõmer, que noz oreilles ne nous admõneſtẽt de la Mort. Quelle lethargie eſt cela? Mais de quelle aſſeurãce (affin que ie ne dye inſolẽce) peult venir, qu'on y pẽſe ſi peu? Auons nous tãt beu de ce fleuue Lethes, que l'on dict fleuue d'obliuion, que de ce qui ne ceſſe de ſe ingerer en noz penſees, n'en ayõs memoire, ne ſouuenãce? Sõmes nous ſi en pièrres endurciz, qu'en voyant, & ouyant tãt de Mortz en ce mõde, penſons qu'elle ne nous doibue iamais ſurprendre? En voyõs nous vng ſeul des Anciens, qui ſoit ſur terre? En noſtre tẽps meſines, en voit on vng auq̃l la Mort pardõne. Les Maieurs ſen ſont allez. Et leur cõuient bien ce dict de Cicero, Ilz ont veſcu, & nous ſans aulcune difference allõs apres eulx, & noſtre poſterite nous ſuyura. Et a la ſorte du ra=

uiſſant torrēt, en Occidēt ſommes precipitez. Au milieu des
occiſions des mourãs moribūdes ſommes aueuglez. Et combien que ayons vne meſme condition & vne meſme fatalité
des noſtre naiſſance, nous ne craignons d'y paruenir, le ieune
perſōnaige dira. A quoy m'admōneſtes tu de pēſer a la Mort
pour me faire perdre toutes le ioyes de ce mōde? Mon Eage
eſt encores entier, Il ſ'en fault beaulcoup. que ie n'aye la teſte
griſe, que le front ne me ſoit ridé. Ceulx craignēt la Mort, qui
ſont chenuz, & decrepités. Mais a tel fault reſpōdre, Quel des
dieux t'a promis de venir chaulue, & ridé? Si lon ne veoyt les
vieillardz eſtre mys en ſepulture, ie dirois qu'il ne ſauldroie
iuſques en vieilleſſe, penſer a la Mort. Mais puis qu'elle vient
& rauit en tous Eage, voire eſtainct les nō encor nez, les gar-
dans plus toſt de venir en vie, q̃ les en oſtāt. Si des mamelles
de leurs meres, elle les vient ſouuent rauir, ſi elle ne faict difference a ſexe, a l'Eage, a beaulté a laydeur. Si lon voit plus de
ieunes gēs, que de vieulx porter a la ſepulture, ie ne ſçay quel
le ieuneſſe, ou aultre abus mondain nous pourra aſſeurer?
Voulez vous oultre les ſimulachres, icy ia deſſus figurez de
la Mort, que ie vous en monſtre vng naturel, cler, & manife-
ſte? En la Prime vere contemplez vng floriſſant arbre, qui
eſt tant couuert de fleurs, qu'apeine y peult on voir ne bran-
ches ne fueilles, promectant au voir de ſi eſpeſſes, & belles
fleurs, ſi grāde habōdance de fruictz, qu'il ſemble impoſſible
truquuer lieu, aſſez ample pour les recueillir, Mais d'ung ſi
grāt nōbre de fleurs peu en viēnent a biē. Car vne partie eſt
rōgée des Chenilles, l'aultre eſt des Yraignes corrūpue. Vne
part du vēt, ou de la gelee, l'aultre de la pluye eſt abattue. Et
ce qu'en reſte, & qui eſt formé en fruict, a voſtre aduis viē il
tout a bōne maturité? Certes nō. Pluſieurs fruictz ſont man-
gez des vers, les aultres ſont abattuz des ventz, & gaſtez de

Tempeſte. Aulcuns ſont pourriz par trop grande pluye. Et
pluſieurs par infinitz aultres incōueniens meurēt. Tellement
qu'a la fin d'une ſi riche eſperãce, on n'en recoit q̃ biē peu de
pōmes. Nō de moindres incōueniens eſt perſecutee la vie hu
maine. Il ya mille nōs de maladies, mille cas fortuitz de Mort,
par leſquelz la Mort en rauit plus deuāt Eage, qu'elle ne faict
par maturite de tēps. Et a peine entre cent, en ya il vng qui
meure naturellement. C'eſt adire, a qui lhumeur radicalle ne
ayt eſte abbreuiée, ou gaſtée par exces. Et veu q̃ a tant de pe
rilz de Mortz eſt expoſée la vie des mortelz, quel aueugliſſe
mēt eſt cela de viure aiſi, cōme ſi no⁹ ne debuiōs iamais mou
rir? Ie vo⁹ demāde, Si les ēnemys eſtoiēt a noſtre porte pour
nous dōner l'aſſault, iriōs no⁹ alors p̃parer baings, &bãquetz
pour no⁹ gaudir? Et la Mort eſt a no⁹ plus capitale ennemye,
qui en toute place, a toute heure, en mille embuſches eſt apres,
pour no⁹ſurprēdre. Ce pendāt no⁹ ne nous en ſouciōs. Nous
nous mirons a noſtre Or, Argent & a noz biens. Nous ne
ſoucions de biē nous nourrir, cōuoitons honneurs, dignitez,
& offices. Certes ſi no⁹ pēſiōs biē a ce q̃ le prophete no⁹ dict
en la perſonne du Roy malade, Diſpoſe a ta maiſon, Car tu
mourras incōtinēt. Toutes ces vanitez muſardes no⁹ ſeroiēt
ameres. Les choſes p̃cieuſes nous ſembleroiētviles: les nobles
ordes. Et la Mort figurée, ſi elle ſcauoit parler, diroit, A quoy
o Auaricieux, amaſſes tu tāt de treſors, puiſque toſt i'empor
teray tout? A quoy pour vng ſi brief chemin p̃pares tu tant
de baguaige. As tu oublyé ce, qu'il aduit a ce ſot Euāgelique?
auquel ſe reſiouiſſant de ſes greniers biē rempliz & ſen pro
mettāt grãd chere, fut dict, Sot, ceſte nuict on te oſtera l'ame.
Et ces choſes par toy amaſſees a qui ſeront elles? Au iour de
la Mort, que te reſtera il de toutes ces choſes, pour leſquelles
aqucrir, tu as conſumé tout ton Eage? Dou prendras tu ayde
conſort,

A partir largement>

confort,& secou s. Aux richeſſes. Elles n'y peuuent riens,&
delià elles ont aultres Seigneurs. Aux voluptez. Mais icelles,
côme auec le corps elles ſont accrues,auſſi auec le corps elles
meurēt. Recourra lon aux forces de ieuneſſe,las a vng chaſcũ
ſa vieilleſſe eſt vne Mort. Ou aura lon eſpoir,a la grace de
beaulte,par laꝗle enorguilliz,on attiroit chaſcũ a ſo amour.
Mais tout cela a la mode des Rozes,qui trouſſees es doigtz
incōtinēt ſont flacques,& mortes. Ainſi beaulté,cueillie par
la Mort icōtinēt ſe fleſtrit. Mais ꝗ dy ie fleſtrit. Mais qui plus
eſt,deuiēt en horreur. Car nul n'ayma tant la forme duviuāt,
côme il à en horreur le corps eſtainct d'ung treſpaſſe. Brief
la gloire ne nous y pourra alors ſeruir. Car elle eſt eſvanoye
auec fortune,& proſperité. Ne moins to⁹ tes amys. Car alors
n'à vng ſi fidele,qui ne t'abandône. Et dequoy te ſeruira,ſilz
ſe rompēt les poictrines a force de plourer,ſi ſinablemēt ilz
ſe ſont côpaignôs de ta Mort. Les maulx quilz ſameinēt,ne
te peuuēt de Mort deliurer. Soyôs dôc ſaiges de bône heure,
& appareillons les choſes,par leſquelles garniz au iour de la
Mort,aſſeuremēt puiſſiôs attēdre ce dernier iour. Les richeſ
ſes,les voluptez,nobleſſe,qui aultre foys nous auoiēt pleu,&
eſt vtilles,certes a no⁹ mourās ne ſont qu'en charge,& en en
nuy. Et alors vertu nous acômēce a eſtre en vſaige. Elle nous
accôpaigne ſans no⁹ pouuoir eſtre oſtee,& ſi nous en ſômes
biē garniz. Certes c'eſt alors,ꝗ les vertus ſeruent. C'eſt alors
qu'il eſt beſoing ꝗ l'hôme môſtre ſa vertu,ſa côſtāce,& ſa ma
gnanimité,pour côbatre côtre le monde,la Mort,& Sathan,
qui luy preſenterôt imaiges trop plus horribles que celles cy
deſſus peinctes & deſcriptes. La ſont repreſentez tou s les pe
chez. La terrible iuſtice de Dieu. La face de deſeſperatiô.mais
quoy. A l'exēple de noſtre Seignr Ieſuchriſt,qui en la Croix
auoir heu ſemblables faces de tentations,quãd on luy diſoit,

N

Vah qui deſtruis le Temple, Il ſaulue les aultres & ne ſe peult ſauluer, Sil eſt filz de Dieu qu'il deſcéde, n, aduiſoit & ne ſ'ar-reſtoit a toutes ces choſes: Mais a Dieu ſon pere, auḡl il recō-manda ſon eſperit. Semblablemēt par vne ferme foy, & conſ-tance, fault regecter toutes ces tētatiōs, n'auoir regard a noz merites, ou demerites: mais ſeullemēt dreſſer ſa penſee, a la mi ſericorde de Dieu, laquelle ſeulle peult adoulcir l'amertume qu'on dict eſtre en la Mort, & vaincre plus, que toutes noz forces, & noz ennemys.

Peu de gens, oſent dire aux malades
la verite, bien qu'ilz congnoiſſent
qu'ilz ſen vont mourir.

'Eſt vne piteuſe choſe, & en doibt on auoir gran-de compaſſion de ceulx, qui maladians ſen vont mourir. Non pource que nous les voyons mou-rir: mais pource qu'il n'y a ame, qui leur dye ce, qu'ilz on a faire, ne cōment ilz doibuent diſpoſer pour eulx, & pour leurs ſucceſſeurs. Et certes, alors les princes, & grās ſei gneurs, ſont en plus grans perilz quand ilz meurēt, que le pe tit populaire, tant par la faulte des medecins, la grande turbe deſquelz perturbe ſi biē l'ung l'aultre, quilz ne ſcaiuēt qu'ilz font: & quelques foys, ou par peur de deſplaire les vngs aux aultres, ou par crainte, que ſi tout ſeul opinoit, ſelon la verité de la medicine, & que Dieu vouluſt prendre ce Seigneur, ilz laiſſent a leur ordonner medecine conuenable, & ſouffrent par diſſimulation leur en eſtre baillée vne non conuenable, mais du tout contraire a la ſanté du patient. Pareillement les aſſiſtans au pres du Seigneur malade ne leur oſent dire, qu'il ſ en va mourir, & beaucoup moins luy diront ilz, cōment il

fault qu'il meure. Cōme lon recite de ce fol d'un Roy qui en=
tendant dire aux medecins, & affiſtās aupres dudict ſeigneur
eſtant au lict de la Mort, qu'il ſ'en alloit, le fol ſ'en alla inconti=
nent houzer, & eſperonner, ſ'appreſtant pout ſ'en aller auec
ſon Roy, au quel il vint dire: Sire, cōment va cela? r'en veulx
tu aller ſans moy? Toutes tes gens diſent q̃ tu t'en vas, & tou
teſſois ie n'en veois nul apparil? Certes plus profita la follie
de ce fol au Roy, que la faulſe, & cauteleuſe ſaigeſſe des gēs de
ſa court. Retournant a propos, Pluſieurs vont veoir les ma=
lades, leſquelz pleuſt a Dieu qui ne les allaſſent viſiter. Car
voyās le malade auoir les yeulx enfoncez, la charneure deſſei
chée, les bras ſans poulx, la còllere enflābée, la challeur conti=
nuelle, l'irrepoſable tourmēt, la langue groſſe, & noire, & les
eſpritz vitaulx cōſumez, & finablemēt voyāt ſō corps ia preſ
que cadaueré, encores luy diſent ilz, qu'il aye bonne eſperāce
qu'il a encores pluſieurs bons ſignes de vie. Et comme ainſi
ſoit que les ieunes gens deſirent naturellement de viure,
& qu'a tous vieillardz leur ſoit peine de mourir, quand ilz
ſe veoyēt en celle extreme heure il n'eſt medecine, ne ſecours,
ne remede, qu'lz ne cherchent, n'eſperance, en qui ilz ne
ſe reconfortent pour prolōger le vie. Et de la ſenſuit que les
chetifz meurent bien ſouuent, ſans confeſſion, ſans rece=
puoir leurs ſacrementz, & ſans ordonner, qu'on repare les
maulx par eulx faictz, & les tortz qu'ilz tiēnent d'aultruy. O
ſi ceulx, qui font telles choſes, ſcauoient le mal qu'ilz font, ilz
ne cōmettroient iamais vne ſi grande faulte. Car de me oſter
mes biens, perſecuter ma perſonne, denigrer ma renommée,
ruyner ma maiſon, deſtruire mō parētaige, ſcādalizer ma fa=
mille, criminer ma vie, ces ouures ſōt d'ūg cruel ennemy. Mais
d'eſtre occaſion, q̃ ie perde mō ame, pour nō la cōſeiller au be
ſoing, c'eſt vne oeuure d'ūg diable d'Enfer. Car pire eſt q̃ vng

diable l'hõme,qui trompe le malade: Auquel au lieu de luy
ayder ſe met a l'abuſer,a luy promettre qu'il ne mourra pas.
Car pl⁹ conuenable eſt alors luy dõner cõſeil pour la cõſcien
ce,que de luy dire parolles plaiſātes pour le corps.Nous ſom
mes en toutes choſes deſuergongnez auec noz amys durāt la
vie,& nous nous faiſons vergoigneux auec eulx a la Mort,ce
qu'on ne deburoit iamais faire.Car ſi les treſpaſſez ne fuſſent
mortz,& ſi nous ne voyõs les pſentz tous les iours mourir,
il me ſemble q̃ ce ſeroit hõte,& choſe eſpouuētable de dire au
malade q̃ luy ſeul doibt mourir.Mais puys q̃ vo⁹ ſcauez que
luy,& luy auſſi bien que vo⁹,q̃ tous cheminõs par ceſte peril
leuſe iournée,quelle vergoigne,ou craincte doibt on auoir,
de dire a ſõ amy,qu'il eſt ia ala fin d'icelle iournée?Si au iour
d'huy les mortz reſuſcitoient,ilz ſe plaindroiēt merueilleuſe
mēt de leurs amis,nõ pour aultre choſe,q̃ pour ne leur auoir
dõné bõ cõſeil a l'heure de la Mort.Et n'y à aulcun dãger de
les biē cõſeiller a ſoy p̃parer biē qu'ilz ſ'en eſtõnēt.Pour aul
t int q̃ nous en voyõs pluſieurs qui en ont faict leur debuoir
qui appareillez de mourir,eſchappēt biē,Et mourir ceulx,q̃
n'en auoiēt faict aulcune p̃paratiõ.Quel dõmaige font ceulx,
qui võt viſiter leurs amys malades,de leur dire,qu'ilz ſe con
feſſent,qu'ilz facent leur teſtamēt,qu'ilz diſpoſent de tout ce,
dõt ilz ſe ſentēt chargez,qu'ilz reçoiuēt les ſacremēs,qu'ilz ſe
recõcíliēt auec leurs ennemys?Pour certain toutes ces choſes
ne font ne plus toſt mourir,ne plus lõguemēt viure.Iamais
ne fut aueugliſſemēt tant aueuglé,ne ignorãce tant craſſe cõ
me d'auoir crainte,ou honte de cõſeiller aux malades auſqlz
on eſt obligé,ce qu'ilz ont affaire,ou qlz feroyēt,ſ'ilz eſtoiēt
ſains.Les hões prudētz,& ſaiges,auant q̃ nature leur defaille,
ou les cõtraigne a mourir,ilz doiuēt de leur bõ gré,& frãche
volūtē mourir,Ceſtaſcauoir,q̃ deuãt qu'ilz ſe voyēt en celle

estroicte heure, tiennēt ordōnées les choses de leur cōscience.
Car si nous tenons pour fol celuy, qui veult passer lamer sans
nauire, tiēdrons nous pour saige celluy, qui n'a nul appareil
pour passer de ce monde en laultre? Que pert vng homme
d'auoir ordōne de son cas, & faict son testamēt, de bōne heure? En ql aduēture met il son honneur de soy recōcilier auant
qu'il meure auec ceulx ausqlz auoit hayne ou querelle? Quel
credit pert celluy qui restitue en la vie, ce qu'il māde restituer
aps sa mort? En quoy se peult mōstrer vng hōme plus saige,
que a se descharger de son bon gré, de ce, que apres sa Mort
on le deschargera par force de proces? O cōbien de grās per-
sōnages, & de riches peres de famille, q pour n'auoir occupé
vng seul iour a ordōner de leur cas, & faire leur testamēt, ont
faict aller leurs heritiers, & successeurs, apres plaid, & proces
toute leur vie, en sorte que pēsans, qu'ilz laissaīsent des biens
pour nourrir leurs heritiers, ne les ont laissē q pour clercz,
procureurs, & aduocatz. L'homme qui est bon, & non feinct
Chrestien, doibt en telle maniere ordōner son cas, & corriger
sa vie chasque matinée, cōment s'il ne debuoit paruenir iusqs
a la nuict, ou cōme s'il ne debuoit veoir l'aultre matinée suy-
uante. Car parlant a la verité pour soustenir nostre vie il y a
plusieurs trauaulx: Mais pour choquer auec la Mort, il n'y a
que vng hurt, Si lō dōnoit foy a mes parolles, ie cōseillerois a
toute personne, qu'il n'osast viure en tel estat, au ql pour tout
l'or du monde il ne vouldroit mourir. Les riches, & les pouures, les grans, & les petitz disent trestous, & iurent, qu'ilz ont
peur de la Mort. Ausquelz ie dy, que de celluy seul pouuons
nous auec verité dire qu'il crainct a mourir, auquel ne voyōs
faire aulcun amēdemēt de sa vie. Parquoy tous se doibuent
acheuer deuāt quilz s'acheuēt, finir auāt qu'ilz finissent, Mou
rir deuāt qu'ilz meurēt, & s'enterrer auant qu'on les enterre.

Car s'ilz acheuent cecy auec eulx, auec telle facilité laisserõt la vie, cõme ilz se mueroient d'une maison en vne aultre. Pour la plus grãd partie taschent les hõmes parler de loisir, aller de loisir, boire a loisir, mãger a loisir: seullemẽt au mourir l'hõme veult estre presse. Nõ sans cause dy, qu'au mourir les hõmes sont hastifz & pressifz: puisque les voyõs faire leur descharge a haste, ordõner leur testamẽt a haste, se cõfesser a haste, se cõmuniquer a haste, en sorte quilz le prenent & demandẽt tant tard, & tant sans raison, que plus prouffite ceste haste a tous aultres, qu'a la saluation de leurs ames. Que prouffite le gouuernail, quand la nauire est submargée? Que prouffitent les armes apres que la bataille est rompue? Que prouffitent les emplastres, ou medicines, quãd les hõmes sõt mortz? Ie veulx dire, dequoy sert aux malades, apres quilz sont hors du sens, ou quilz ont perdu les sentimẽs, appeller les p̃stres pour les cõfesser. Tresmal, certes se pourra cõfesser celluy qui n'a iugement de se repentir. Ne s'abusent les gens disans quand nous serons vieulx nous nous amenderons. Nous nous repẽtirons a la Mort. A la mort nous nous cõfesserõs. A la mort ferons restitution. Car a mon aduis cela n'est d'ung hõme saige, ne d'ung bon Chrestien, demãder qu'il aye reste de temps pour pecher, & q̃ le tẽps luy faille pour soy amẽder, Pleust a Dieu que la tierce part du tẽps, que les gens occupent seullemẽt en penser cõme ilz pecherõt, qu'ilz l'occupassent a pẽser, cõme ilz doibuẽt mourir. Et la solicitude qu'ilz employẽt pour acomplir leurs mauluais desirs, s'employa a plourer du cueur leurs pechez. Dont c'est grãd malheur, q̃ auec si peu de soucy passent la vie en vices & mõdanitez: cõme s'il n'y auoit point de Dieu, qui quelque iour leur en doibue demãder compte. Tout le mõde a bride auallée peche: auec esperãce qu'en vieillesse ilz se amẽderont, & qua la Mort ont a soy repẽtir, dont

Ie vouldroye demãder a celluy qui auec telle cõfiance cõmet le peché. Quelle certainete il à de venir en vieillesse, & quelle asseurãce il à d'auoir loisir a la Mort de soy repentir? Car par experiẽce nous voyons plusieurs, ne venir a vieillesse, & plusieurs qui meurẽt soubdainemẽt. Il n'est raisonnable ne iuste que nous cõmettions tant de pechez toute nostre vie, & que ne vueillons que vng iour, ou vne seulle heure pour les plorer & s'en repentir. Combien que si grande soit la diuine clemẽce, qu'il souffise a vng persõnaige d'auoir vne seulle heure pour soy repẽtir de sa mauluaise vie. Toutesfois auec cela ie cõseillerois, que puis que le pecheur pour s'amẽder ne veult que vne seulle heure, que ceste heure ne fut la derriere: Car le souspir qui se faict auec bõne vouletẽ, & de bon gré, penetre les cieulx. Mais celluy qui se faict par cõtrainte & necessité, a peine passe il la couuerture de la maisõ. C'est chose louable q̃ ceulx qui visitẽt les malades, leur cõseillent qu'ilz se cõfessent, qu'ilz se cõmuniquẽt, rendẽt leurs deuotions, souspirẽt pour leurs pechez. Finablemẽt c'est tresbiẽ faict de faire tout celɀ. Toutesfois il seroit trop meilleur l'auoir faict au parauant, & de bõne heure. Car le dextre & curieux marinier quãd la mer est calme, alors se appareille & s'appreste il pour la tormente. Celluy qui profondement vouldroit considerer, combien peu on doibt estimer les biens de ce monde, qu'il aille veoir mourir vng riche persõnaige, cõment il est en sa chambre, ou il verra comme au chetif malade. La femme demãde son douaire. Lune des filles le tiers. Laultre le quart. Le filz la meilleure part de l'heritaige. Le nepueu vne maison. Le medecim son salaire. Lappoticaire payemẽt de ses drogues. Les creanciers leurs debtes. Les seruiteurs leurs gaiges & salaires. Et ce qui est le pire de tout nul de ceulx, qui doibuẽt heriter, ou en valoir mieulx, est là pour luy bailler vng verre d'eaue

pour boire,ou pour luy refraicher ſon alteree bouche.Ceulx
qui liront cecy,ou l'orront,doibuent cõſiderer que ce,qu'ilz
veirent faire en la Mort de leurs voiſins,que ce meſme leur
aduiédra a la leur Mort.Car tout incõtinent qu'ng riche ſer
re les yeulx,ſoubdain a grãdes querelles entrent ſes heritiers.
Et cecy nõ pour veoir qui mieulx ſe chargera de ſon Ame;
mais qui plus toſt prédra poſſeſſion des biens qu'il laiſſe.Par
quoy vault trop mieulx en ordõner de bonne heure auec le
conſeil des ſaiges,qu'ainſi a la haſte en ordõner contre raiſon,
& a l'importunite des deſirans,dont puis eſt cauſee querelle
& debat entre eulx ſi grandz & dõmaigeux,qu'ilz en mauls
diſſent le mort,& l'heure que iamais il leur a laiſſé aulcuns
biens.On en voit l'experience iournellemét.Parquoy ſeroit
choſe ſuperflue den vouloir occuper le papier.Me cõtentant
pour ceſte heure,d'aduiſer vng chaſcū qu'il doibt vne Mort
a Dieu & nõ deux.Parquoy q̃ de bõne heure on face ſi bõne
prouiſion de la luy bié payer,qu'il nous en redõne en laultre
monde celle vie tant bien heureuſe,qui ne peult mourir.
Amen.

EXCVDEBANT LVGDV
NI MELCHIOR ET
GASPAR TRECHSEL
FRATRES. 1538